Heinrich Duwe

Europäische Union!

Die Meinung eines Unionsbürgers und ein Leitfaden, wie es besser werden würde!

Herstellung und Verlag: BoD - Books on Demand, Norderstedt

ISBN 978-3-7448-7615-5

Inhalt

<u>VORWORT</u>

Es tut weh, wenn man zusehen muss, wie die, die sich als gute Europäer sehen, in Wirklichkeit Europa und der Europäischen Union schaden. Ein normaler Hausverstand lässt sich oft nicht erkennen.

Europa und die Europäische Union könnten ein Ort der Hoffnung und Vorbild sein, für innen und nach außen.

Dass es Parteien gibt, die gegen Europa und die Europäische Union arbeiten, ist sicher verständlich, wenn man die Beschlüsse und Vorgehensweise in den verschiedenen Unionsgremien ansieht.

Ich bin der Meinung, dass dem Unionsparlament mehr Rechte zu geben sind. Bei sehr wichtigen Entscheidungen wird das derzeitige Unionsparlament einfach ausgehebelt.

Geheimverhandlungen in wirtschaftlicher und militärischer Richtung sind völlig indiskutabel. Politiker die sich daran beteiligen, haben die Bezeichnung Volksvertreter nicht verdient.

Eine Geldverteilung, wie sie derzeit gang und gäbe ist, dass einige Länder sehr große Summen bekommen und andere Länder diese zu bezahlen haben, ist destruktiv.

Es ist nicht verständlich, dass andere Länder ihre
verantwortungslose Finanz und Misswirtschaft
bezahlen.
Die Bevölkerung in ihrem Land hat ja die
Möglichkeit, diese abzuwählen.

Manche Volksvertreter sehen in der EU eine Kuh,
die gemolken werde muss.

In jeder normalen Familie gibt es verschiedene
Interessen, wie das Geld ausgegeben wird. Niemand
würde aber innerhalb der Familie ein
Familienmitglied finanziell unterstützen, dass einen
verschwenderischen Umgang mit dem Geld hat und
Kredite aufnimmt, die er oder sie nie zurückzahlen
kann und auch kein Wille dazu da ist.

Europa besteht aus vielen Völkern, einige Politiker
meinen, dass sie ihre Ansichten und Meinungen
anderen Ländern aufzwingen könnten.

Dass die Sozialleistungen von etlichen Bürgern
missbraucht werden, ist ärgerlich, dass aber von
Personen, die aus anderen EU Ländern kommen,
diese auch missbräuchlich in Anspruch genommen
werden, trägt dazu bei, dass die Bevölkerung echt
sauer darauf ist und dies dem Unionsbewusstsein
sehr schadet.

Meine Bedenken gehen dahingehend, dass sich die Union derzeit immer weiter von den Gemeinsamkeiten entfernt. Wenn kein Hausverstand einkehrt, wird die Union mit den heutigen Regeln nicht überleben.

Es werden in der Union Parteien entstehen, die die derzeitigen Regelungen nicht akzeptieren.

Was ungerecht ist, wird dauerhaft auch keinen langfristigen Bestand haben.

Ich bin der Meinung, dass in der Union jeder Bürger das gleiche Gewicht bei Wahlen haben muss. Jeder Nationalstaat hat an die Union nach dem BIP den gleichen Prozentsatz Beitrag an die Union zu zahlen.

Ungleichheiten in den Belastungen sind zu unterlassen.

Ein völliger Wahnsinn ist, dass Atomwaffen in der Union einsatzbereit gelagert sind, deren eventueller Einsatz von einem andern Kontinent aus befehligt wird.

Für die Union ist dies jedenfalls völlig inakzeptabel. Man würde meinen, dass dies alles selbstverständlich sein sollte.

<u>EU der Bürger!</u>

Gemeinsamkeit ist meiner Meinung nach nicht gegeben, dass sich die Mehrheit über die Minderheit hinwegsetzt. Genauso ist es bedenklich, wenn eine Minderheit versucht, der Mehrheit ihre Vorstellungen zu diktieren.

Die einen sind der Meinung der beste Weg wären die Vereinigten Staaten von Europa, die anderen sind der Meinung, ein loser Staatenbund wäre die bessere Lösung. Beide Standpunkte haben etwas für sich.

Für die, die Europäische Union zerstören wollen, habe ich kein Verständnis und möchte diese auch nicht weiter kommentieren.

Unter der Bezeichnung EU der Bürger meine ich, dass die Nationalstaaten möglichst viele Entscheidungen selber regeln läßt. Die vier Grundfreiheiten sind jedoch von allen Mitgliedern der Union einzuhalten. Freier Personenverkehr, freier Warenverkehr, freier Kapitalverkehr und freier Dienstleistungsverkehr.

Um einen freien Personen und Warenverkehr zu gewährleisten, ist eine gemeinschaftliche Überwachung der Außengrenze unbedingt erforderlich und es kann nicht einzelnen Staaten überlassen werden.

Bei einer nicht funktionierenden Überwachung der
Außengrenzen ist eine offene Binnengrenze nicht
möglich.

Bei der Importkontrolle der Waren ist die Sache
noch relativ einfach, was illegal in die Union
kommt, ist zu beschlagnahmen. Dies wird teilweise
jetzt schon praktiziert.

Bei einer Personenkontrolle ist die ganze
Angelegenheit nicht so einfach. Ich würde die
Vorgangsweise, wie es Australien praktiziert, nicht
als Vorbild nehmen. Sie ist aber sehr wirksam.

Was für die Union keinesfalls zu akzeptieren ist,
dass die Grenzen für alle Personen offen sind und
die zugezogenen Personen bestimmen, wo und im
welchem Land sie leben wollen
und mit der Sozialhilfe ein besseres Leben führen
können als viele Unionsbürger.

Was sofort abzustellen ist, dass die Personen der
Bevölkerung mit Terror begegnen, kriminelle
Handlungen setzen und meinen, dass sie mit diesen
Taten ungestraft davonkommen.

Die Gefängnisse, wie sie teilweise in der Union
betrieben werden, würden eher die Bezeichnung
betreutes Wohnen zutreffen. Für diese Kriminellen
bewirken sie keinerlei Abschreckung.

Die täglichen Kosten in diesen Gefängnissen pro
Person sind höher als ein normaler Eu-Bürger
täglich durch harte Arbeit verdient.

Ich meine, dass in diesen Fällen eine einfache
Lösung möglich ist.

Die Union kann nicht die Probleme lösen, die
weltweit vorhanden sind, wie zum Beispiel Kriege,
Verfolgung, Korruption, Hunger, Ausbeutung,
Obdachlosigkeit, Diktaturen, Kriminalität, Terror,
Kinderarbeit, Versklavung, Flüchtlingselend,
usw.

Die Union unterhält sogar gute Beziehungen
zu solchen Ländern, in denen diese Tatbestände
vorhanden sind.

Durch eine unkontrollierte Zuwanderung besteht für
die Union sogar die Gefahr, dass sie selbst sehr
schnell viele der oben erwähnten Probleme nicht
mehr imstande ist, diese zu lösen.

Die ersten Anzeichen sind bereits vorhanden.

Bei den Kriminellen ist eine schnelle Verurteilung
der Täter unumgänglich.

Die derzeitige Rechtslage ist schnellstens zu ändern.

Es sind mit Ländern, die sich in Europa befinden,
Übernahmeabkommen zu beschließen, die diese
Personen in ihre Gefängnisse übernehmen, die das
Wort Gefängnis verdienen und zu einem Bruchteil
der Kosten, wie sie in der EU anfallen.

Nach dem Ende der Haftstrafe ist ein lebenslanges
Einreiseverbot in die EU automatisch fällig. Bei
einer neuerlichen Einreise ist die Haftstrafe erneut
auszusprechen.

Nun wird vermutlich von manchen argumentiert,
dass dies nicht human sei.

Wenn ich persönlich ein Mitgefühl habe, dann mit
den Opfern dieser Straftäter, aber sicher nicht mit
den Tätern.

Es würde sich dieses Problem sehr schnell erledigen,
spätesten dann, wenn dieser Personenkreis
mitbekommt, wie ernst und schlecht ihre Lage ist.

Die Kontrolle der Außengrenze mit den technischen
Mitteln, die heute vorhanden sind, ist das ohne
Weiteres zu bewältigen.

Ich denke hier an Satelliten und Drohnen, die eine
Bildgenauigkeit haben, dass sie die Größe eines
Tennisballes erkennen.

Für die Personen, die in ein EU Land illegal einreisen, sind zentrale Aufnahmestellen zu schaffen, getrennt nach Minderjährigen, Erwachsenen, weiblichen und männlichen Personen sowie Familien. Die Klärung, ob es sich um Flüchtlinge handelt, die aus einem Kriegsgebiet geflohen sind oder aus wirtschaftlichen Gründen gekommen sind, ist auf die Schnelle nicht zu ermitteln.

Ich bin der Meinung, dass es notwendig ist, mit Ländern außerhalb der EU, Vereinbarungen für die Aufnahme zu treffen, Beispielsweise ein großflächiges, abgegrenztes Territorium auf 99 Jahre zu mieten. Nach außen muss auch vermittelt werden dass es in der Union ca. 20 Millionen Arbeitlose mit teilweise großer Armut gibt. Dies betrifft auch sogenannte reiche Länder.

Dies alleine würde schon die illegale Einwanderung in die EU erheblich reduzieren, weil für sie die zukünftigen Aufenthaltsorte nicht mehr vorhersehbar wären.

Länder, deren Regierung beschließt, keine oder nur eine beschränkte Aufnahme von Personen, die illegal in die EU kommen, aufzunehmen, ist dies ohne Wenn und Aber zu akzeptieren.

Der Schutz der Außengrenzen durch alle Mitgliedsländer ist vorrangig zu bewerkstelligen.

Die Finanzierung der Massnahmen ist auch sehr leicht zu stemmen, wenn endlich die ungerechte Geldverschiebung an verschiedene Mitgliedsländer ein Ende findet. Besser wären die Wortwahl wie Geldverschwendung, Misswirtschaft und sinnlose Förderungen, die auch noch den Wettbewerb verfälschen, sowie eine Geldvernichtung in Milliarden von Euros zur Folge hat.

Die Union hat sich darauf zu konzentrieren, dass zu machen, was sie als Union besser kann als die Nationalstaaten.

Eine klare Kompetenzverteilung ist notwendig.

Als einfacher Unionsbürger beziehe ich Stellung zu verschiedenen Themen.

Ich habe mich bemüht, mich kurz zu fassen. Einzelne Themen würden schon ganze Bücher füllen.

Ihr Heinrich Duwe.

EU und die Sozialleistungen!

In diesem Bereich sind die Unterschiede innerhalb der einzelnen Länder und in der EU sehr deutlich erkennbar.

Meiner Meinung nach ist eine EU weite Regelung nicht möglich.

Eine Einigung ist meistens schon innerhalb der Länder und Bezirke äußerst schwierig.

Es geht einfach ums Geld.

Der Gerechtigkeitssinn der Bürger wird schon innerhalb der Landesregionen auf eine schwere Probe gestellt.

Es gibt in der EU Länder, in denen die Sozialhilfe unter bestimmten Voraussetzungen höher ist als im einen anderen EU Land ein normaler Arbeitslohn.

Was auch vorkommen soll, dass es Länder innerhalb der EU gibt, in denen bei einem bezahlten Mindestlohn finanziell es für diese Personen besser ist, dass sie zuhause bleiben und keine Arbeit aufnehmen.
Dass dann auch noch Personen, die außerhalb der EU kommen, meistens noch illegal und nun ebenfalls in diesen Genuss kommen, ist den meisten Bürgern nicht zu vermitteln.

Hier ein Auszug eines Kommentars des Journalisten
A. SCA. einer soliden Regionaltageszeitung in
Österreich.

Ein Hotelier hat einem Syrer eine Unterkunft und
Arbeit vermittelt.

Er vermittelte einer Familie Unterkunft und
Beschäftigung. 1.900 Euro brutto verdiente der
Mann als Hausmeister. Nun hat der Syrer keinen Job
mehr, aber kriegt viel mehr Geld.
Er schmiss den Job, nachdem ihm von einer
Hilfsorganisation vorgerechnet wurde, dass er und
seine Familie weit mehr Geld bekommen, wenn er
die Mindestsicherung und zusätzliche Unterstützung
in Anspruch nimmt: 36.000 Euro jährlich – ohne zu
arbeiten. Das ist nicht nur falsch verstandene
Nächstenliebe, das ist ein praktischer Beitrag für den
steigenden Unmut in der Bevölkerung.

Hier wird offensichtlich, wie mit dem Geld des
Steuerzahlers umgegangen wird.

Das Flüchtlinge im Land kriminelle Handlungen
begehen und vom Staat noch weiter Geld
bekommen, so ist das Idiotie.

In manchen Staaten schrillen auch bereits die
Alarmglocken.

Die Verantwortlichen merken, dass diese Wohltaten auf die Dauer nicht zu finanzieren sind.

Was meiner Meinung noch wirksamer ist, dass den Politikern bewusst geworden ist, dass die Mehrheit der Bevölkerung, die ganze Sache kritisch sieht und sich das bei der nächsten Wahl für ihre Partei und sie selbst negative Auswirkungen hat.

Der freie Personenverkehr innerhalb der EU ist meiner Meinung kein Problem.

Was jedoch auf die Dauer zum Problem wird, ist der Zuzug von anderen EU-Bürgern in die Sozialsysteme in denen diese finanziellen Leistungen vom Staat sehr hoch sind.

Einem Bürger, der 38-45 Stunden in der Woche arbeitet, ist es nicht vermittelbar, dass er netto vielleicht gleich viel oder einige Euros mehr am Monatsende auf dem Konto hat als sein Nachbar, der die Sozialleistungen voll abschöpft.

Dies wird noch dadurch verschärft, dass der Einstiegssteuersatz schon bei niederem Lohn schlagend wird, sowie die Sozialabgaben anteilig fällig werden.

Ohne eine Beschränkung dieser Persongruppen, die
in das Sozialsystem zuwandern, wird es auf die
Dauer nicht gehen.

Der Ärger auf die Union wird zunehmen und die
Gegnerschaft wird gestärkt.

Die einfachste Regelung wäre, wer in ein anderes
EU-Land zuwandert, hat erst Anspruch auf
Sozialleistungen, wenn vom Zuwanderungsland
diese auch bewilligt werden. Eine zeitliche Grenze
ist vorzugeben.

Es ist keinem Land zuzumuten, dass es Personen,
eventuell mit Familienmitgliedern, lebenslang
finanziert, die nicht seine Staatsbürger sind und
nicht für einen eigenen Lebensunterhalt sorgen
können oder wollen.

Es gibt in der Union zwischenzeitlich Stadtviertel, in
denen über 40% von der Sozialhilfe leben.

Die Sozialleistungen sind sicher eine
Errungenschaft, in der Union muss niemand Angst
haben, dass er oder sie nicht überleben kann.

Für Länder, die keine oder nur geringe Zahlungen
für das Sozialsystem leisten, stellt sich vermutlich
diese Frage nicht.

EU und die Renten!

Die Renten sind in den eigenen Landesgrenzen derart unterschiedlich, dass es vielen Bürgern mit Kleinstrenten die Zornesröte ins Gesicht treibt.

Zum Beispiel, wenn ein Politiker nach einer 10jährigen Tätigkeit im Nationalparlament eine Rente bezieht für die ein Normalbürger ca. 100 Jahre in eine Rentenkassa einzahlen müsste Das trägt nicht dazu bei, dass die Bürger das Rentensystem als gerecht empfinden.

Beispiele könnten fast endlos aufgezählt werden. Die Ungerechtigkeiten sind vielfach nicht vermittelbar.

Es gibt in kleinen Ländern über ein Dutzend Rentenversicherungsanstalten, mit zum Teil aufgeblähtem Personalstand. Die Renten werden in den meisten EU Staaten unterschiedlich bezuschusst.

Das Rentenantrittsalter ist innerhalb der Nationalstaaten recht unterschiedlich, zwischen Frauen, Männern, Arbeitern, privat Angestellten, öffentlicher Dienst usw.

In der Union und den Nationalstaaten sind die verschiedenen Prozentschlüssel, die für Höhe der Rente zur Berechnung herangezogen werden, noch nicht einmal berücksichtigt.

Meine Meinung ist, dass Frauen für die
Kindererziehung eine normale Rentenzeit
angerechnet wird, ohne Einzahlung in die Kassa
(Sozialstaffelung).

Personen, die eine ungesunde Arbeit haben und
deshalb früher sterben, tragen auch noch dazu bei,
dass sie indirekt die unterstützen, die gesünder und
länger leben.

Die Unterschiede innerhalb der Union in bezug auf
Einkommen, Lebenshaltungskosten, Antrittsalter,
und die Berechnungsgrundlage ist zu groß.
Die Renten sind nur national zu berechnen und zu
finanzieren. Die EU hat also keine Entscheidungen
zu treffen und sollte sich in das Rentensystem der
Nationalstaaten nicht einmischen.

Dass privat auch fürs Alter vorgesorgt wird, ist
sicher richtig. Für diejenigen, die mit einem
geringen Monatseinkommen über die Runden
kommen müssen, ist dies vermutlich eine Illusion.
Man muss sich auch nichts vormachen, eine
gerechte Lösung ist in vieler Hinsicht einfach nicht
möglich.
Ich habe selbst Leute kennengelernt, die vor dem
Rentenantritt verstorben sind oder kurz danach. Sie
haben in ihrem ganzen Arbeitleben immer schön
brav in die Rentenkassa einbezahlt.

Der Union schadet es, wenn sie meint, sie müsse in
dieses System eingreifen, weil die Nationalstaaten
dazu nicht fähig wären, obwohl offensichtlich ist,
dass es bei vielen Nationalstaaten mit der
Gerechtigkeit sehr im Argen liegt.

Die Altersarmut wird innerhalb der Unionsstaaten
weiter zunehmen. Durch die
Bevölkerungsentwicklung wird es immer mehr
ältere Personen geben und die Arbeitlosen von heute
sind die alten Armen von morgen.
Viele Personen haben schon Schwierigkeiten, in
jungen Jahren ihren Lebensunterhalt zu finanzieren.

Benachteiligt sind die kleinen Rentenempfänger, die
für ihren Wohnraum auch noch Miete bezahlen
müssen.

Wenn Nationalstaaten, die sogenannten
Geberländer, die Milliardenbeträge in die Union
verschieben und diese Beträge an andere Staaten
weiter geleitet werden, in denen die Renten teilweise
höher sind als im Geberland kann das kein
Kleinrentner im Geberland verstehen.

Es sollte für jeden Nationalstaat, jedem Land, jeder
Stadt und Kommune die Möglichkeit geben, in den
Konkurs zu gehen. Dementsprechende Gesetze sind
zu beschließen.

<u>EU und die Banken!</u>

Manch einem Bürger der Union stellen sich die Haare auf, wenn er zurückblickt, was alles im diesem Sektor gelaufen ist.

Es sind Machenschaften aufgetaucht, die bisher nicht bekannt und nicht vorstellbar waren.

Es wurden Gehälter und Boni in unglaublicher Höhe ausbezahlt, obwohl die Damen und Herren mit der Bank an die Wand gefahren sind.

Der Staat musste teilweise einspringen, sprich mit Steuergeld in der Höhe von Milliarden von Euros.

Die „feinen" Leute haben sich zum Teil mit Abfindungen mit Hunderdtausenden von Euros verabschiedet. Strafanzeige hatten die wenigsten zu befürchten.

Dass es so nicht weitergehen kann, hat auch die EU erkannt, aber leider erfolgt der nächste Unsinn. Es ist nur teilweise eine Verbesserung in der Gesetzgebung erfolgt, wie zum Beispiel dass eine höheres Eigenkapitalquote vorgeschrieben wurde. Es erfolgen auch Kontrollen im Banksektor EU weit, es müssen höhere Rücklagen gebildet werden und bis 100.000 Euro sind die Spareinlagen EU weit gesichert.

Jetzt zum Unsinn.

Es müssen alle Banken der EU in den
Sicherungsfonds einzahlen, unabhängig ihres
Geschäftsfeldes, die kleinen Sparkassen und
Genossenschaftsbanken ebenso die Banken, die von
außerhalb der EU sind

Sie alle haben aber unterschiedliche Risken und
Kapitalausstattungen sowie länderspezifische
Eigenheiten und völlig verschiedene Kunden.

Im Klartext wird es so sein, dass die Banken, die gut
wirtschaften für diejenigen, die verantwortungslos
ihre Geschäfte betreiben und zum Teil einen
kriminellen Hintergrund haben im Konkursfall oder
Ausgleichsfall haften.

Es überlegen sich bestimmt jetzt schon einige
schwachbrüstige Banken, wie sie an das Geld vom
Einlagefonds kommen.

Ich bin der Meinung, dass die Eigenkapitaldecke der
Banken in der EU mindesten 15-20%
betragen sollte, und die Investmentbanken von den
anderen Banken zu trennen sind.

Die Banken selbst vergeben die Kredite an ihre
Kunden deren Eigenkapital auf jeden Fall höher sein
muss als 5%. Sie selbst hatten teilweise nicht 3%
Eigenkapital.

Wenn ein Kunde zur Bank kommt und 5%
Eigenkapital hat, also 95% fremd finanzieren wollte,
würde es bei jeder solide geführten Bank beim
Direktor Kopfschütteln auslösen.

Wie sich herausgestellt hat, hatten viele Banken
nicht einmal 3% Eigenkapital und sind
enorm große Risiken eingegangen.

Die Banken werden zum Teil von den
Nationalstaaten jetzt schon in unterschiedlicher
Höhe im wahrsten Sinne des Wortes abgezockt.
Mit der sogenannten Bankenabgabe wird versucht,
die schmerzhaften Verluste, die der Nationalstaat
durch die Bankenrettungen erlitten hat, wieder
zu kompensieren.

Die Finanzaufsichtsbehörden haben bis jetzt
schlichtweg versagt. Sie haben außer großen Kosten
nichts bewirkt, ansonsten wären diese
Machenschaften schon längst aufgeflogen und nicht
erst als der Konkurs eintrat.

Der Sicherungsfonds hat im Nationalland zu bleiben,
ansonsten wird die ungerechte Lastenverteilung
fortgesetzt, sprich Geldverschiebung und
Geldvernichtung.

Ich hoffe, dass die EU Volksvertreter dies erkennen.

Man muss auch bedenken, dass die Nehmer, die die
EU als Kuh sehen, die gemolken werden muss.
Sie haben den Geist der Gründerväter nie
verstanden.

Die USA hat erreicht, dass die Schweiz sämtliche
Konten der US-Bürger offenlegt.

Was für jeden Volkvertreter in der Union eine
Selbstverständlichkeit sein sollte, dass die EU
augenblicklich Gespräche mit der Schweiz aufnimmt
und die gleiche Rechte einfordert, wie sie der USA
zugestanden wurden.

Das Prinzip ist für alle Banken anzuwenden die in
Steueroasen ihren Sitz haben, darunter fallen auch
der US Bundesstaat Delaware oder die britischen
Kanalinseln.

Diese Sümpfe gehören trocken gelegt, wenn es nicht
anders geht auch mit geheimen Ermittlungen.

Die EU ist zuständig, damit ein erfolgreicher und
gerechter Zustand erreicht wird.

Hier ist zu erwarten, dass sich die EU nicht mit
faulen Kompromissen zufrieden gibt.

EU und die Kriminellen!

Man kann sich bestimmt darauf einigen, dass die Bevölkerung keinesfalls Zustände haben will, wie sie derzeit in Mittelamerika oder Südamerika herrschen.

Ich möchte nicht, dass sich die Überwachungskameras hundertfach vermehren müssen. Die Zäune immer höher werden, die Vergitterung der Türen und Fenster verstärkt werden und sich die Kosten für die eigene Sicherheit intensivieren.

Eine höhere Anzahl von Polizisten und Wachleuten kann dem nur bedingt Einhalt gebieten.

Ich bin der Meinung, dass dies nur sinnvoll über die Justiz zu bewerkstelligen ist, daher sind Gesetzesänderungen notwendig.

Die Bevölkerung ist darüber zu informieren, welche Volksvertreter sich als Humanapostel für die Kriminellen einsetzen.

Die sogenannten Kleinkriminellen sind nach der ersten Straftat sehr empfindlich zu bestrafen.
Eine Bewährungsstrafe ist zu unterlassen.

Für das Strafausmaß jugendlicher Täter sollten keine Milderungsgründe geltend gemacht werden.

Je schneller begriffen wird, dass es sich nicht lohnt, kriminelle Aktionen zu setzen, desto besser.

Eine begangene Straftat im Alkohol oder Drogenrausch kann kein Milderungsgrund sein, sondern der Missbrauch gehört extra bestraft.

Für die unverbesserlichen Täter, egal wie alt sie sind, ist die richtige Lösung ein Gefängnisaufenthalt in einem Land außerhalb der EU und nicht im Wohnen mit Betreuung.

Dasselbe sollte auch für die Täter mit „weißem" Kragen seine Gültigkeit haben.

Es ist darauf hinzuarbeiten, dass die Haustüren offen gelassen werden können, am Abend und in der Nacht jede Person einen Spaziergang machen kann, ohne Angst zu haben, dass man belästigt, ausgeraubt oder das ganze einen tödlichen Ausgang nimmt.

Die Justiz und Polizei wären spürbar entlastet, weil sie sich nicht laufend mit den Wiederholungstätern befassen müsste und für die eventuellen Neutäter eine Abschreckung gegeben wäre.

Für die Bevölkerung würde sich das Wohlbefinden verbessern.

Für den Staat würden sich die Kosten verringern, die
Polizei hätte weniger Frust, weil sich die Täter nicht
nach Stunden wieder in Freiheit befinden, um neue
Straftaten zu begehen.

Das Land hätte einen sehr großen Standortvorteil
weil es sich einfach in diesem Land ein bessers
Leben ergeben würde.

Zur Bekämpfung von Bandenverbrechen, Terror,
Drogenhandel und organisierter Kriminalität ist eine
Polizeispezialeinheit in der Union zu gründen.

Versteckte Ermittler müssen in Nationalstaaten
übergreifend tätig werden können, wenn nötig auch
außerhalb der Union.

Es darf nicht wahr sein, dass von außerhalb der
Union diese Verbrecher zuwandern.

Die Kriminellen sind schon längst
länderübergreifend tätig.

Ganz ausmerzen lassen sich die Straftaten nicht,
aber sehr stark reduzieren.

Derzeit machen sich der Staat und die EU für die
Kriminellen zur Lachnummer.

EU und die Außengrenzen!

Zwischenzeitlich hat jeder in der EU mitbekommen, dass der derzeitige Zustand zur Sicherung der Außengrenze ein Unvermögen ist und dilettantisch vorgegangen wird.

Die EU-Außengrenzen sind gemeinschaftlich zu sichern, personell paritätisch gemischt mit geeignetem Personal aus allen EU-Ländern. Die Ausrüstung der Einheiten ist mit modernsten Mitteln auszurüsten und von allen Nationalstaaten zu gleichen Teilen nach Einwohnern oder dem BIP zu bezahlen.
Die Überseegebiete, die einzelne Länder besitzen, sind von denselben zu sichern.

Ein Aufgriff auf See, ohne eine wirksame Unterbringung der eindringenden Personen und Versorgung an Land oder deren Rückführung in ihr Ursprungsland ergibt für die EU keinen Sinn.

Es ist den Ländern an den Außengrenzen nicht zumutbar, dass sie dies alleine stemmen.

Die derzeitige Regelung legt offen, dass der normale Hausverstand hier völlig abhanden gekommen ist. Das nun auch noch zum Teil eine Willkommenskultur eingeläutet wird, ohne zu wissen, wer die einzelnen Personen sind, hier kann man nur noch die Wörter sorglos und naiv verwenden.

Das Risiko und die Rechnung sind ja von der Wohnbevölkerung und der arbeitenden Bevölkerung zu übernehmen.

Man muss allerdings zum Glück sagen, dass dies nicht auf alle Bevölkerungsteile sowie Länder und Regierungschefs in der EU zutrifft.

Ich hoffe, dass Regierungschefs und Parteien, die meinen, zum Nachteil der Bevölkerung handeln zu müssen, einfach abgewählt werden.
Die Frage ist berechtigt, ist es im Interesse der Wohnbevölkerung oder huldigt man nur einer weltfremden „Gutmensch Philosophie"; die privat zu akzeptieren ist, aber für einen Regierungschef, der die Interessen der Bevölkerung zu vertreten hat, ist dies völlig deplaziert.

Bei manchen Verantwortlichen zeigt sich, dass sie von Ländern, die ausserhalb von Europa liegen, sich nicht bewusst sind, was für eine Bevölkerung und Glaubensauffassungen dort vorhanden sind.

Ich bin hier doch Optimist, dass die Außengrenze in Zukunft sicher wird, und für die Unterbringung oder Zurückweisung der illegal Einreisenden eine vernünftige Regelung getroffen werden kann.
Meine Meinung ist, dass ansonsten die EU bedroht ist.

EU und die Staatsbürgerschaft!

Die Saatsbürgerschaft ist meiner Meinung ein wertvolles Gut.

Die meisten Einwohner in der EU besitzen eine. Es gibt jedoch solche, die zwei besitzen eventuell auch mehrere. Aus falsch verstandenen Rücksichtnahmen wurde dies von einigen Staaten der Union akzeptiert.
Das dadurch die Mehrheit der Bevölkerung nicht die gleichen Rechte hat, ist nicht akzeptabel.

Die betreffenden Personen, die mehrere Staatsbürgerschaften haben, können je nach Bedarf für sie günstigste Variante ihren Pass vorweisen. Sie können ihr Wahlrecht auch öfter ausüben.

Der Gleichheitsgrundsatz ist dadurch nicht mehr gegeben.
Es ist dazu überzugehen, dass innerhalb der EU nur eine Staatsbürgerschaft möglich ist.

Manche EU Staaten haben eine Geldquelle entdeckt, dass sie Staatbürgerschaften, die nicht EU Bürger sind, unter gewissen Auflagen verkaufen.

Hier gehört eine gemeinsame Regelung ausgearbeitet. Es kann ja nicht sein, dass der, der es am billigsten gibt, die Staatsbürgerschaft verleihen kann.

EU Bürgern, die eine Staatsbürgerschaft von einem
andern Land außerhalb der Union annehmen, ist die
Staatsbürgerschaft abzuerkennen.

Die Staatsbürgerschaft ist mit Rechten und Pflichten
verbunden. Bei Mehrstaatsbürgerschaften kann es
durchaus vorkommen, dass in einem Land gewisse
Handlungen unter Strafe gestellt werden und bei
einem anderen Land für das gleiche Delikt keine
Strafe fällig wird.
Bei Straftaten kann sich der Staatsbürger der
mehrere Staatsbürgerschaften hat, in sein
Heimatland verabschieden und eine Auslieferung ist
dann meistens nicht mehr möglich.

Bei jemanden, der vom Staat Unterstützung erhält
(Sozialamt), kann diese ohne Schwierigkeiten
beziehen, obwohl er in seinem Heimatland ein
größeres Vermögen besitzt weil er es einfach
verschwiegen hat und die dortigen Behörden keine
oder eine falsche Auskunft erteilen.
Des weiteren muss die Möglichkeit bestehen, wer
falsche Angaben, die zur Erreichung der
Staatsbürgerschaft geführt haben, diese wieder
abzuerkennen.
Ausländer, die bereits ein strafrechtliches
Vorsatzdelikt begangen haben und verurteilt
wurden, ist die Saatbürgerschaft ebenfalls zu
versagen.

<u>EU und die Religionen!</u>

Die Religionskriege, wie sie derzeit in verschiedenen Teilen der Welt stattfinden, ist in der EU derzeit kein Thema. Es war aber vor nicht allzu langer Zeit, dass sich die „Gläubigen" in Europa gegenseitig ermordet haben.

In der Union sind alle Weltreligionen zuhause, die sogenannten Sekten, gemeint sind damit Religionen, die eine geringe Anzahl von Mitgliedern haben, gehen in die Hunderte.

Die christlichen Religionen sind in der Union in der Mehrzahl, gefolgt von den Religionen der Moslems.

Die Terroranschläge, wie sie derzeit in der EU stattfinden, die vorgeben, dass diese gegen die Ungläubigen gerichtet sind, haben meiner Meinung nach, mit Religion nur am Rande zu tun.

Es ist für die EU und den Nationalstaaten aber notwendig, dass die, die Hass in Wort und Schrift gegen die „Ungläubigen" verbreiten, sofort aus dem Verkehr gezogen werden.
Es ist ein völlig falscher Weg, wenn dies als Religionsfreiheit und Redefreiheit angesehen und toleriert wird. Sie sind in einer EU weiten Datenbank zu erfassen und mit der vollen Härte zu bestrafen.

(Anmerkung: einige beziehen eine Sozialhilfe,
perverser geht es wohl nicht mehr.)

Die verschiedenen Religionsgemeinschaften werden
von den Nationalstaaten unterschiedlich
gefördert, manche Priester und Religionslehrer
werden auch vom Staat bezahlt.

Es gibt in der Union Länder, in denen der Staat für
die Kirchen die Steuer vom Lohn (Kirchensteuer)
gleich einbehält und das Geld an die jeweiligen
Glaubensgemeinschaften überweist.

Sollte aber ein Nationalstaat der Meinung sein, dass
er die Priester und Religionslehrer, Löhne zu
bezahlen hat, ist das seine Angelegenheit.
Fördergelder aus dem EU Topf sind sicher
nicht im Sinne der Mehrheit. Dies betrifft auch
Bauten, die als Kulturerbe gelten.

Der Glaube ist ein sehr emotionales Thema. Solange
kein Druck und Verfolgung auf die Andersgläubigen
ausgeübt wird, ist ein friedliches Leben miteinander
kein Problem.

Die verschiedenen Glaubensrichtungen machen
geltend, dass ihr Glaube, der einzig wahre Glaube
ist.
Viele Gläubige sind davon zutiefst überzeugt.

Was in der Union nicht akzeptiert werden kann, dass Glaubensgemeinschaften meinen, sie müßten sich nicht an die Gesetze des Nationalstaates oder der Union halten.

Bei manchen Glaubensvorstellungen wäre es für viele Bürger eine menschliche Bereicherung würden sie ihrem Glauben gemäss leben, viel Leid und Elend könnte man sich dadurch ersparen.

Auf der anderen Seite würden alle von den Toten auferstehen, die durch Religionskriege ermordet wurden. Es würde in die Millionen gehen.

Bis jetzt hat noch niemand vom Jenseits berichten können und meine Meinung ist, dass es so bleibt.

Die Behauptungen, die im Zusammenhang mit den Religionen aufgestellt wurden und ein Aberglauben, der auch heute noch vorhanden ist, kommt mir ein Wort in den Sinn, Verirrungen.

Ich würde mir jedoch nicht anmaßen, einen Gläubigen wegen seines Glaubens zu verunglimpfen.

Ich bin froh, dass ich in einem Land und in einer Zeit leben kann, in der mir wegen meiner kritischen Äußerungen nicht das Leben genommen wird.

Die Menschenrechte haben für jeden Glauben seine Gültigkeit, die einzuhalten sind.
Es gibt Glaubengemeinschaften, die objektiv betrachtet unter der Bezeichnung „Kriminelle Vereinigung" fallen.

Wie das Wort Glaube sagt, ist er nicht auf Wissen oder Wahrheitsbeweis begründet, sondern auf Glauben.

Es gibt Glaubensgemeinschaften, deren Oberhaupt sich als Stellvertreter Gottes auf Erden bezeichnen.

Personen, die keiner Religion angehören, ist es meistens nicht möglich, mit ihrem logischen Denken den Glaubensvorstellungen zu folgen.

Ich bin der Meinung, dass Staat und Kirche sauber zu trennen sind. Das ist in vielen Nationalstaaten derzeit leider nicht der Fall. Dies hat das Potential für zukünftige Auseinandersetzungen, die an die Vergangenheit erinnert.

Meine Meinung ist jedoch, dass sich die Union in kirchliche Angelegenheiten nicht einmischen sollte und die Nationalstaaten für Ordnung im Glaubensbereich zu sorgen haben und eventuelle Auswüchse selber zu bereinigen haben.

EU und der Euro!

Vor der Einführung des Euros als Zahlungsmittel wurde zuerst ein „künstlicher" Euro als Richtwert eingeführt. Das hat geheißen, dass nationale Währungen einen bestimmten künstlichen Eurowert hatten.
Bei der Einführung des Euros war der Jubel zum Teil groß, obwohl es von kompetenter Seite sehr eindringliche Warnungen gab.

Ich bin der Meinung, dass die Vorgaben, die seinerzeit zur Einführung des Euros geführt haben, gut waren. Die derzeitigen niederen Kreditzinsen wirken sich sowohl für den privaten Schuldner als auch für die öffentliche Hand positiv aus. Es hat zu einer Entlastung der Haushalte geführt und ermöglicht auch vielen eine Kreditfinanzierung, ohne dass sie von den Zinslasten erdrückt werden. Die Konjunktur wird ebenfall angekurbelt und reduziert damit die Arbeitslosigkeit.

Jetzt zu einigen negativen Auswirkungen des Euros. Wie es derzeit läuft, hat der Euro das Potential, dass er zerrissen wird und die EU einen schweren Schaden erleidet.

Hier einige Beispiele!
Die meisten Staaten halten sich nicht an die Vorgaben, die Haushaltsdefizite mit 3% zu beschränken.

Die Haftungen, die die Länder mit dem Europäischen Stabilitätspakt übernommen haben, könnten im Ernstfall von den meisten Ländern nicht erfüllt werden.

Die Europäische Zentralbank kauft Schuldscheine von Staaten, die schon längst Konkurs hätten anmelden müssen.

Die Europäische Zentralbank druckt Geld in unvorstellbaren Milliardenbeträgen, die nicht gedeckt sind. Es wurde die Geldpresse angeworfen, die Folgen sind nicht absehbar.

Die verschiedenen Staaten betreiben Bilanzfälschung.

Wenn ein sogenannter „reicher" Staat über zwei Billionen Schulden angehäuft hat, die Bürgschaften noch nicht berücksichtigt sind und der Finanzminister meint, dass die Finanzen in Ordnung sind, bin ich der Meinung, na gute Nacht.

Die Kanzlerin dieses Staates verlautbart, wenn der Euro scheitert, scheitert Europa. Dies ist schlichtweg falsch.

Es besteht nämlich ein Unterschied zwischen Europa und der Union.

Der Spruch wurde meiner Meinung nach gewählt,
um die fahrlässige Zustimmung zu den Milliarden
Krediten und Haftungen aus der Vergangenheit zu
rechtfertigen, damit neue Haftungen in
Milliardenhöhe vom Nationalparlament bewilligt
werden. Diese Milliardenbeträge sind
unwiederbringlich verloren.
Erfreulich ist, dass eigene Parteimitglieder gegen
diese Vorgehensweise protestierten.
Das Unerfreuliche ist, dass die Kosten alle Bürger zu
tragen haben und nicht diejenigen, die der eigenen
Bevölkerung finanziell schaden.

Im Leben eines normalen Bürgers würde folgender
Tatbestand vor Gericht verhandelt werden!
Bilanzfälschung, Lug und Betrug, Korruption,
Konkursverschleppung, Untreue in Summe von
Milliarden von Euros.

Ich bin kein großer Prophet, wenn ich sage, sollte
mit dieser Art von Geldpolitik so weitergemacht
werden, wird es eines Tages ein böses Erwachen
geben.
Sollte der Euro scheitern, so habe ich Bedenken, ob
es einen gangbaren Plan B gibt.
Es ist zu hoffen, dass diese Möglichkeit nicht
schlagend wird.
Es wäre nicht das erste Mal, dass eine Währung ihre
Gültigkeit verliert.

EU und die Arbeitslosigkeit!

Für die Nationalstaaten sowie für die EU wird es eine existentielle Frage werden, ob es ihnen gelingt durch eine vernünftige Politik die Arbeitslosenrate zu senken.

Dass es Nationalstaaten gibt, in denen die Arbeitslosenrate bei 10 - 20% liegt, ist einfach indiskutabel. Es ist für die betroffenen Personen ein misslicher Zustand, in finanzieller sowie emotionaler Hinsicht. Ein Arbeitslosengeld und eine Mindestsicherung kann nur kurzfristig eine Lösung sein, weil es langfristig nicht zu bezahlen wäre.

Den Volksvertretern muss es bewusst sein, dass ab einer gewissen Höhe der Arbeitslosigkeit der Staat aus den Fugen gerät.

Beispiele aus der Vergangenheit sind genügend vorhanden.

In vielen Handelsabkommen, die die Nationalstaaten und die EU mit Ländern, die außerhalb der EU liegen vereinbart haben, hat dazu geführt, dass ganze Industriezweige in den Bankrott getrieben wurden.

Da derzeit Geheimverhandlungen über ein Transatlantisches Freihandelsabkommen mit der Bezeichnung TTIP stattfinden, ist ein Zeichen dafür, dass aus den gehabten Schäden nichts gelernt wurde.

In diesem Fall kommt noch erschwerend dazu, dass
bei eventuellen Streitigkeiten ein „Schiedsgericht"
das in einem anderen Kontinent liegt, Recht
sprechen solle. Das Freihandelabkommen in seiner
Größe ist noch nicht fixiert, es ist also nicht bekannt,
welche Länder noch dazukommen.

Wenn man die Lohn- und Arbeitsbedingungen in
Mexiko den Standards der Union gegenüberstellt,
müsste man meinen, dass jeder sieht, wie
brandgefährlich die Sache ist.
Es sind auch bereits Verhandlungen mit asiatischen
Staaten im Gange. Die Zustände, die dort herrschen,
sind den meisten bekannt.

Meiner Meinung nach sollten diese Politiker sofort
von den Verhandlungen abgezogen und in die
„Wüste" geschickt werden.

Es entsteht ein Risiko, das weder zu kalkulieren
noch abgeschätzt werden kann.

Ich habe den Verdacht, dass hier Leute gekauft
werden.

Der Ausverkauf ist auf keinen Fall im Interesse der
Arbeitnehmer und den gewerblichen Betrieben
sowie einer kleinen mittelständischen
Landwirtschaft in der Union.

Da die Weltkonzerne immer mehr Macht
übernehmen und die Entscheidungen in den Ländern
der Union auf ihre Raffgier hilflos sind, ist absolut
nicht hinnehmbar.

In diesem Fall bin ich der Meinung, dass eine
Volksabstimmung in der Union notwendig wäre,
weil das ganze sehr gravierende Auswirkungen auf
die Bevölkerung hätte.

Die meisten Arbeitnehmer wollen in ihrem eigenen
Land arbeiten, dort wo sie wohnen, ihre
Angehörigen sind und in der ihre Landessprache
gesprochen wird.

Ein Nationalstaat kennt die Probleme besser als
Bürokraten in der EU, die vom Land zum Teil wenig
Wissen haben.

Die Gemeinden und Städte sind ebenfalls in die
Verantwortung zu nehmen.

Die Gewerkschaften sind zumindest zur Beratung
bei Handelsabkommen einzuladen.

Beschlüsse, die in den Nationalstaaten sowie der EU
beschlossen werden, sind auf die Auswirkungen für
die Wirtschaft, Arbeitnehmer und Kosten zu
überprüfen.

EU und die Steuern!

Die Steuern sind in den Nationalstaaten sehr
unterschiedlich.
In den Nationalstaaten wurden sie seinerzeit mit viel
Einfallreichtum erfunden, um möglichst effizient an
das Geld der Bürger zu kommen.

Wenn heute von einem Finanzminister eine
Steuerreform angekündigt wird, ist meistens davon
auszugehen, dass unter dem Strich für den Staat und
die Länder mehr Geld übrig bleibt.

Hier einige Steuerarten. Lohnsteuer,
Einkommensteuer, Umsatzsteuer,
Körperschaftsteuer, Kommunalsteuer,
Kraftfahrtsteuer, Versicherungssteuer, Benzin-
Dieselsteuer, Grunderwebsteuer,
Immobilienertragsteuer Grundsteuer,
Erbschaftsteuer, Getränkesteuer. Steuern, Steuern
und nochmals Steuern.

Von einer weitern Aufzählung nehme ich Abstand,
es würde ein ganzes A4 Blatt ausfüllen.

Aufgrund dieser vielen Steuern müßte jeder Staat
Geldüberschüsse im großen Maß haben.

Die meisten sind jedoch überschuldet, dass ist dann
der Fall, wenn er die alten Schulden nicht mehr
zurückzahlen kann und zu allem Übel immer neue
Schulden macht.

Einige Staaten haben begriffen, dass dies nicht
endlos fortgesetzt werden kann und eine
Schuldenbremse beschlossen.

Ich bin der Meinung, dass auch die Haftungen, die
übernommen wurden, zu verkleinern sind
Der Europäischen Zentralbank sollte es verboten
werden, faule Staatspapiere aufzukaufen.

Es würden sonst immer wieder neue Finanzlöcher
aufgemacht.
Neue Bürgschaften sind absolut abzulehnen.

Es sollte unbedingt unterlassen werden, neue
Steuern zu erfinden oder zu erhöhen. Wie sich bei
einigen Staaten gezeigt hat, ist ihr Finanzgebaren ein
Fass ohne Boden.

Die Wettbewerbsfähigkeit erleidet dadurch großen
Schaden und erhöht die Arbeitslosigkeit.

Ein selbständiger Handwerker von der ehemaligen
DDR sagte mir, dass er seinerzeit 90%
an den Staat abliefern musste. Das Ergebnis ist
bekannt.

Wenn wir alle Steuern zusammenrechnen, die wir
zum Teil bezahlen müssen, sind wir nicht mehr
allzuweit davon entfernt.

Manche Politiker meinen, dass sie die Steuerschraube immer weiter anziehen müssen, damit die Reichen nicht immer reicher werden.

Diese Damen und Herren würden als kleiner selbständiger Gewerbetreibender keine 2 Jahre wirtschaftlich überleben, außer sie hätten ein Vermögen, das sie verbrauchen könnten.

Das Problem ist nicht die Höhe der Steuersätze, sondern die Gesetze, die sie beschlossen haben, die es ermöglichen, dass die wirklich Reichen zum Teil fast keine Steuern zahlen.

Bei den öffentlichen Haushalten ist vielfach eine verantwortungslose Verschwendung der Steuergelder sichtbar. Angefangen in den Gemeinden bis zum Nationalstaat und der Union. Ich bin der Meinung, dass sämtliche Ausgaben, die die öffentliche Hand tätigt, im Internet zu veröffentlichen sind.

Ich kann mich erinnern, als ich Gemeindevertreter war und anschließend im Amtsblatt einen Bericht über die Gemeindevertretersitzung las, mich dünkte, dass es eine andere Sitzung gewesen sein müsste als diejenige, in der ich anwesend war.
Die Berichte im Amtsblatt haben mich an Dichter und Denker erinnert.

Auf meinen Antrag hin, dass bei jeder Gemeindevertretersitzung, jeder Gemeindvertreter eine Tonbandaufzeichnung machen darf, wurde dahingehend abgeändert, dass von der Gemeinde selbst jedes Mal bei einer Sitzung eine Tonbandaufzeichnung erfolgt.

Bei den Steuern ist ebenfalls Transparenz sinnvoll.

Bei einem Einkommen, das geringfügig über der Mindestsicherung liegt, wird ein Einstiegssteuersatz von bis 25% eingehoben.
Wirtschaftlich ist dies nicht sinnvoll, weil es für diejenigen, die in der Mindestsicherung sind, eine Arbeitsaufnahme vielfach nicht lohnt.

Zu den größten Ungerechtigkeiten in der Einkommensteuer betreffen Unternehmen und Konzerne, denen die Möglichkeit eingeräumt wird, dass sie durch Verlagerung ihres Sitzes keine oder nur geringste Einkommensteuer zahlen.

Ihre Umsätze bewegen sich zum Teil in Höhe von Milliarden Euros.

Die Umsätze, die sie in den Nationalländern erzielen, sind teilweise enorm und fallen in der Besteuerung der Einkommen einfach durch den „Rost".

Sie können sich gesetzeskonform arm rechnen und ihr Vermögen in Steueroasen genießen.

In der EU gibt es einige Politiker und Spezialisten, die diese Art unterstützen. Durch die Globalisierung wird das ganze noch verschärft.

Genauso ist im Internethandel teilweise den nationalen Steuerbehörden die Steuereinhebung völlig entglitten.

Für die verschiedensten Portale, die ziemlich große Summen verdienen, ist vielfach nicht einmal zu ermitteln, wem die Einnahmen zuzurechnen sind. Die Anzeigen in den Zeitungen sind meist regional und es werden für die Zeitungseigentümer, die meist ortgebunden sind, die Anzeigensteuer, Mehrwertsteuer, Einkommensteuer, Lohnsteuer, Grundsteuer, usw. fällig.

Für Werbeeinahmen, die im Internet in die Milliarden geht, ist die Finanz für eine Steuereintreibung einfach zu wenig kompetent. Ich bin der Meinung, dass der Gesetzgeber anscheinend nicht die Intelligenz besitzt, hier Steuergerechtigkeiten walten zu lassen.

In der EU ist ein Zentralregister einzurichten in dem ersichtlich ist wem die Unternehmen gehören und welche Umsätze getätigt werden.

Sämtliche Firmen, die in die EU Waren einführen
oder Dienstleistungen tätigen, haben jährlich
ebenfalls eine Umsatzmeldung an das Zentralregister
zu melden.
Den nationalen Finanzbehörden ist ein Abfragerecht
einzuräumen.

Es ist zukünftig Sorge zu tragen, dass auch diese
Unternehmen und Konzerne anteilige
Einkommensteuer zu entrichten haben und nicht nur
die „Bodenständigen“.

Es ist von den Volksvertretern darauf hinzuarbeiten,
dass die Nationalstaaten von dem Umsatz, die in
ihren Ländern von Unternehmen getätigt werden,
auch bei der Einkommensteuer nicht umgangen
werden kann.
Im Unionsgesetz ist zu erlassen, dass die derzeitigen
Umgehungsmöglichkeiten unter Strafe gestellt
werden.

Steuerbüros, Banken, Berater und Anwälte, die sich
bei der Umgehung der Steuern beteiligen, sind als
Mitschuldige ebenfalls zu bestrafen.
Ihre Unterlagen im Büro sind sicherzustellen.
Einzelverhandlungen der Nationalstaaten mit
Unternehmen und Konzernen, die ihnen Vorteile
gegenüber den anderen Staaten verschafft, sind zu
unterlassen.

Diese Gangart ist notwendig, weil sonst zukünftig
nur noch die Lohnempfänger, Rentner und die
Dummen, die Lohn und Einkommensteuer bezahlen.

Ein Ärgernis ist auch, dass ein Nationalstaat, der ein
Geldnehmer von der EU ist, wesentlich niedere
Steuersätze hat als Nationalstaaten, die Geldgeber
sind.
Hier das Wort solidarisch zu verwenden, zeigt auf,
wie fatal so eine Situation ist.

Die Geldgeber werden doppelt bestraft.

In der Union müssen nicht alle die gleich hohen
Steuersätze haben. Eine gewisse Bandbreite
wäre notwendig.

Bei einem normalen Steuerbürger in der Union wird
von den Finanzämtern der Paragraph im
Bürgerlichen Gesetzbuch angewendet, der besagt.

Einem Gesetz darf in der Anwendung kein anderer
Verstand beigelegt werden, als welcher aus der
eigentümlichen Bedeutung der Worte in ihrem
Zusammenhang und aus der klaren Absicht des
Gesetzgebers hervorleuchtet.

Es ist zu hoffen, dass der Gesetzgeber erleuchtet
wird.

EU und die Erweiterung!

Die EU Verantwortlichen nehmen mit verschiedenen Ländern, die außerhalb der Union liegen Beitrittsverhandlungen auf.
Ich bin der Meinung, dass das derzeit ein falscher Weg ist.

Es wurde in Griechenland von der Regierung eine Volksabstimmung darüber abgehalten, ob es die Auflagen der sogenannten „Troika" erfüllen solle oder nicht. Die Abstimmung ergab ein Nein. Hier wurde versucht, dass der Schuldner den Gläubigern sagt, wie es zu laufen hat.
Indirekt hat die Abstimmung somit ergeben, dass die Mehrheit für einen Austritt aus dem Euro ist.
Das Land hat pro Kopf am meisten Förderungen in Euros erhalten. Es zeigt sich hier, dass mit den Geldverschiebungen und Haftungen sofort Schluss zu machen ist.
Das meiste Geld ist bei der Bevölkerung nur zum geringsten Teil angekommen.
Bei den Nationalstaaten, die die ganze Sache mitfinanziert haben, hat die Unzufriedenheit zugenommen. Manche sagen auch offen, dass sie diesen Weg zukünftig nicht mehr unterstützen.

Obwohl eine Mehrheit indirekt für einen Ausstritt aus der Währungsunion stimmte, wurde er nicht vollzogen. Hier stellt sich die Frage, was eine Volksabstimmung noch Wert ist? Wie weit eine Demokratie noch vorhanden ist?

Es wurden zwischenzeitlich auch noch
Beitrittsverhandlungen mit Staaten aufgenommen, in
denen eine grassierende Korruption vorhanden ist,
sowie ein Bürgerkrieg herrscht.

Es ist keinem Menschen, der normal denkt, zu
vermitteln, was das Ganze soll.

Ich vermute dahinter Kräfte, die mit viel Hinterlist
auf eine Zerstörung der Union hinarbeiten.

Eine Konsolidierung der Union ist vorrangig zu
betreiben, nicht zu verwechseln mit einer
Gleichmacherei.

Würde die Union zur Kenntnis nehmen, dass das
Wohl der Union nicht darin liegen kann, eine
Gleichmacherei ohne Rücksicht der verschiedenen
Völker mit zum Teil unsinnigen
Gesetzesbeschlüssen niemanden geholfen ist
Das wäre ein Fortschritt.

Die Zahl der Volksvertreter im Unionsparlament
dürften nicht erhöht werden, es müssten die
derzeitigen Nationalstaaten Mandate abgeben. Mit
einer weiteren Aufblähung der Mandate und der
Verwaltung würde die Union immer
handlungsunfähiger. Dies betrifft auch den
Unionsrat.

EU und Großbritannien!

So wie es derzeit mit dem Euro läuft, hat
Großbritannien in weiser Voraussicht den Euro nicht
angenommen.
Bei Großbritannien hat sich gezeigt, dass eine zu
starke Einmischung der EU in innere
Angelegenheiten des Nationalstaates den Austritt
aus der Union zur Folge hat.

Bei einer zukünftig guten wirtschaftlichen
Entwicklung in Großbritannien werden sich auch
andere Nationalstaaten fragen, was für einen Sinn es
für sie macht, in der Union zu verbleiben.

Weitere Volkabstimmungen anderer Nationalstaaten
für einen Austritt aus der EU werden folgen.

Die Nationalstaaten, die derzeit Milliarden von
Euros nach Brüssel überweisen, werden ein Problem
bekommen, ihrer Bevölkerung zu erklären, warum
ihr Land Milliarden Euros nach Brüssel bezahlt.
Der eigene Nationalstaat hat selber Schulden, die er
nicht zurückzahlen kann und große
Bevölkerungsteile der Geberländer immer ärmer
werden.
In der Union sind dringend Reformen nötig.
Die Union kann von den Nehmerländern sicher nicht
leben.

Wie im Privaten, so gibt es auch für jeden Staat eine
Schmerzgrenze.

EU und die Atomwaffen!

Die seinerzeitigen Wissenschaftler und Wissenschaftlerinnen die in der derzeitigen Union lebten, hatten wesentlich zur Entwicklung der ersten Atombombe beigetragen.

Jetzt ist die Situation in der Union so, dass hier Atomwaffen gelagert und einsatzbereit sind und über deren Einsatz von einem anderen Kontinent aus entschieden wird.

Es hat sich gezeigt, dass es Länder gibt, die ebenfalls über Atomwaffen verfügen und deren Führung krank im Kopf ist.

Beim letzten Weltkrieg hatte es ca. 60 Millionen Tote gegeben. Die verstümmelten Menschen noch nicht eingerechnet.

Sollte ein „Führer" in der jetzigen Zeit, der die Befehlsgewalt zum Einsatz der Atomwaffen hat und deren Einsatz befiehlt, sind die Todeszahlen vermutlich nicht mehr zu schätzen.

In der EU sind es die Länder Frankreich und Großbritannien, die ebenfalls über einsatzfähige Atomwaffen verfügen.
Ich bin der Meinung, dass die Befehlsgewalt über die Atomwaffen ausschließlich in der Union zu verbleiben hat und hier auch nicht nur bei einzelnen Ländern oder Personen.

Eine Absicherung hat mehrfach zu erfolgen.

Sollte es zu einer Auseinandersetzung mit
Atomwaffen weltweit kommen, ist es nicht sicher,
dass es die Spezies Mensch danach noch geben wird.

Sollte es eventuell doch Überlebende geben, ist ein
Leben, wie wir es derzeit kennen, unwahrscheinlich.

Die Entwicklung der Waffen wird sich durch den
technischen Fortschritt noch weiter „entwickeln"

Es ist für viele wahrscheinlich nicht vorstellbar,
dass der Schrecken der bedrohlichen Waffen noch
lange nicht die Fahnenstange erreicht hat.

Man bedenke, wie sich die Waffentechnik in den
letzten 100 Jahren entwickelt hat.
Für die Zeit der Menschheitsgeschichte ist dies
jedoch nur ein Augenblick.
Das Geld und der Aufwand spielen bei der
Entwicklung neuer Waffentechniken, wie in der
Vergangenheit so auch in der Zukunft keine Rolle.
Was technisch machbar ist, wird auch erzeugt.
Je mehr eventuelle Gegner vernichtet werden
können, um so „erfolgreicher" werden die Systeme
gepriesen.

Ich will kein Zyniker sein, wenn ich als Trost sage,
der Tod kann jedoch nur einmal erlebt werden.

<u>EU und die Förderung!</u>

Bei den Förderungen wird sichtbar, wie unmöglich teilweise die finanziellen Gebarungen in der Union sind.

Es war die Absicht der Union, dass die unterschiedlichen wirtschaftlichen Stärken der Nationalstaaten durch unterschiedliche Beitragszahlungen an die Union möglichst ausgeglichen werden. Zusätzlich wurde dann das Geld der Beitragszahler an andere Nationalstaaten mit bestimmten Auflagen überwiesen.

Dazu kam noch, dass andere Nationalstaaten, sogenannte Geber, für die Nehmer Kredite vergaben, obwohl sie das Geld selbst nicht hatten.

Zusätzlich haben die Nationalstaaten dem sogenannten Euro-Rettungsschirm Bürgschaften gegeben. Sollten diese fällig werden, wäre das Geld auch nicht vorhanden.

Die Europäische Zentralbank kauft von den Nationalstaaten Schuldscheine, die keinerlei Deckung haben, weil diese Staaten schon längst den Konkurs anmelden müßten.

Es kommt zu allem Verdruss noch dazu, dass eine Sache mehrmals gefördert wird, von den Gemeinden, Bezirken, Ländern, Nationalstaaten und der Union.

Für Investitionen, die zum Teil von den
Geberländern finanziert wurden, sind oftmals die
Gelder für sinnlose Projekte verwendet worden und
die Mafia hat noch mitverdient.

Es hat sich auch gezeigt, dass die
Wohlstandsunterschiede unter den Nationalstaaten
nicht kleiner, sondern größer wurden.

Ich bin der Meinung, dass jeder Nationalstaat für
seine Misswirtschaft selbst gerade zu stehen hat.

Dass es Nationalstaaten gibt, die ganze
Berufszweige steuerfrei stellt und dies in der
Verfassung verankert wurde, ist nicht zu verstehen.
Diese Staaten werden von der Union auch noch mit
großen Förderungsprogrammen unterstützt.
Sollte eine Gemeinde einen Narrenverein
unterstützen, so ist das ihre Sache, aber es darf
niemals Sache der Union sein.

Subventionen für die Landwirtschaft, die einen
großen Teil des EU-Budgets ausmachen, konnten
nicht verhindern, dass jährlich Tausende Betriebe in
der Union schließen mussten. Dies ist ein Grund,
dass sich viele Landwirte in der Union jährlich zu
Hunderten wegen finanziellen Problemen das Leben
nehmen.
Die großen Betriebe haben auf Kosten der kleinen
Betriebe zugenommen.

Die Agrarindustrie hat dazu beigetragen, dass ein Überangebot entstanden ist. Lebensmittel werden täglich tonnenweise vernichtet. Hunde-Katzenfutter, in kg gerechnet, ist teilweise schon teurer als das Fleisch für den menschlichen Verzehr.

Die Prämien, die bezahlt werden, so dass die landwirtschaftlichen Flächen nicht bewirtschaftet werden, zeigen auf, was für ein Irrsinn hier stattfindet.
Andererseits werden Landwirte durch Steuern und Abgaben zu Kassa gebeten.
Für viele Landwirte ist es auch eine Entwürdigung, dass sie zu „Almosenempfängern" gemacht werden und sie vielfach für ihre schwere Arbeit einen Lohn bekommen, der nicht einmal für ein bescheidenes Leben reicht.
Die Überschüsse; die ja mit Hilfe der Förderungen entstanden sind; werden nun zum Teil nach Afrika exportiert und ruinieren dort viele kleinbäuerliche Strukturen und erhöhen somit die Arbeitslosigkeit vor Ort.
Der Schaden, der dadurch angerichtet wird, ist vermutlich höher als die Entwicklungshilfe, die die Union leistet. Schlussendlich wird mit dem Geld der Entwicklungshilfe in vielen Fällen die Korruption gefördert.
Um die zahllosen Förderungen anzuführen, würde es ein umfangreiches Buch benötigen.

Die Förderungen sind in einem Zentralregister zu erfassen, von wem die Förderung kommt, was gefördert wird, wer gefördert wird und in welcher Höhe, das ganze muss im Internet für jedermann einsehbar sein. Das muss für alle Förderungen seine Gültigkeit haben.

Die immensen Summen, die man sich ersparen kann, sind die Lohn-und Einkommensteuer für kleine und mittlere Einkommen zu senken oder abzuschaffen. Es würde einen großen Wirtschaftsaufschwung ergeben.

Bei den vielen Geförderten würde ein lauter Protest zu vernehmen sein. Es würde sichtbar werden, wie unsinnig und unverantwortlich mit dem Geld der Steuerzahler umgegangen wird.

Der große Verwaltungsapparat würde stark verkleinert werdcn.

Ich bin der Meinung, dass die Union nur dauerhaft Bestand hat, wenn sämtliche finanziellen Gebarungen öffentlich sichtbar sind.
Die Geldverschiebung, wie sie derzeit praktiziert wird, sollte schnell beendet werden. Die Milliarden, die derzeit einfach versickern, sind nicht hinnehmbar.
Hier wird die Bevölkerung für dumm verkauft.

EU und die Soldaten!

Was meiner Meinung nach notwendig wäre, ist ein gemeinschaftlicher Grenzschutz (wie auf Seite 24 beschrieben). Paritätisch mit Soldaten aus der ganzen Union. Bei dieser Truppe könnten sich die neutralen Staaten ebenfalls beteiligen.

Derzeit sind Soldaten von den unterschiedlichsten Nationalstaaten in Afghanistan stationiert. Es ist angeblich der Bündnisfall der Nato eingetreten. Was aber ganz sicher ist, dass Afghanistan als Staat niemals ein Land, eines der NATO-Mitgliedstaaten angegriffen hat.

Jetzt sind jedenfalls Soldaten von den verschiedensten Nationalstaaten von der Union vor Ort. Ich frage mich, was diese dort zu suchen haben!

Die eigenen Außengrenzen der Union sind so offen, dass viele Menschen unkontrolliert einreisen können. Die eigenen Soldaten verbluten an Orten, die uns bei beim bestem Willen nichts angehen.

Die Kosten sind dazu noch enorm. Wenn sich jemand bedroht fühlen muss, sind es eventuell die Nachbarstaaten.

Diese sind jedoch hinsichtlich der Flächen und Einwohner zum Teil größer als die der Union.

Jeder Afghane, der von den Unionssoldaten getötet
wird, trägt dazu bei, dass sich der Hass auf die
Union beziehungsweise auf die Soldaten erhöht.

Mit den sogenannten Hilfsgeldern wird zusätzlich
weiter die Korruption befeuert.
Im diesem Fall ist für jeden, der bis drei zählen
kann, zu sehen, was für ein Desaster hier abläuft.

Es wurde keine Menschengruppe so oft als
sogenanntes Kanonenfutter missbraucht wie
die Soldaten. Der Preis, den sie zahlen, ist oft die
Körperverstümmelung und der Tod.

Es hat sich bei den letzten Auseinandersetzungen
erwiesen, dass in der Vergangenheit mit Lug und
Betrug gearbeitet wurde, um den Einsatz des
Militärs zu rechtfertigen. Die Opfer waren Soldaten
und jede Menge Zivilisten.

Die Verantwortlichen, die zur Rechenschaft
herangezogen werden sollten, erfreuen sich bester
Gesundheit.
Ich bin der Meinung, dass für eine
gemeinschaftliche Unionsarmee derzeit kein Bedarf
besteht.
Meine Angst geht auch dahin, dass diese
missbräuchlich eingesetzt werden könnte.
Beispiel USA.

Die Union und der nahe Osten!

In der Union hat es beim Militäreinsatz gegen den
Irak sogenannte willige Nationalstaaten in der Union
gegeben, die sich am Überfall beteiligt haben.

Ich möchte keinesfalls einer Diktatur, die vorhanden
war, nachtrauern.

Der ganze Angriff wurde damit begründet, dass
diese Diktatur Massenvernichtungswaffen
besitze oder herstelle.

Es wurden mit dem Einverständnis des Diktators
Inspektoren ins Land gelassen, und anschließend
gefälschte Beweise vorgelegt, um einen Überfall auf
das Land zu rechtfertigen.

Hätte das Land über einsatzfähige Atomwaffen
verfügt, wäre es nicht einem Angriff ausgesetzt
gewesen.

Inzwischen ist das Resultat bekannt. Tausende Tote
und Verletzte. Im Irak gehen die Opferzahlen in die
Hunderttausende. ein Ende ist noch nicht abzusehen.

Der Hass gegen die „Befreier" hat sich erhöht.

Das Argument, dass der Diktator gestürzt wurde und
eine Demokratie errichtet wurde, ist schlichtweg ein
Hohn und zeigt die Fratze, wie eine verlogene
Politik funktioniert.

Die Kenntnisse über den Nachbarstaat sind ja
vorhanden, es sind die sogenannten Freunde.
Hier werden Ehefrauen als Leibeigene angesehen
und bei Ehebruch zu Tode gesteinigt. Kleindieben
wird die Hand abgehackt. Wenn jemand die
Glaubensrichtung anzweifelt, wird er solange
ausgepeitscht, bis der Tod eingetreten ist. Wer am
Herrscherhaus wegen dieser Vorgänge Kritik übt,
wird der Kopf abgeschlagen.
Sie selbst suhlen sich im Luxus, der für einen
normalen Unionsbürger nicht zu begreifen ist.

Verschiedene Unionspolitiker unterhalten
freundschaftliche Beziehungen mit diesen „Herren"
Es ist schlichtweg beschämend.

Was sich in Syrien abspielt, ist zum Teil die Folge
des Krieges, der im Irak begann.
Das Land hat vor dem Bürgerkrieg in einem
relativen Wohlstand gelebt. Personen, die sich gegen
das Regime äußerten, wurden schon damals verfolgt.
Es konnten jedoch alle ihren Glauben ohne
Verfolgung ausüben.
Bekannte Staaten die hier „mitmischen", zum Teil
mit Waffenlieferungen und Soldaten sowie Bomben.
Es handelt sich um Länder wie USA, England,
Frankreich, Deutschland, Rußland, Türkei, Libanon,
Jordanien, Katar, Saudi-Arabien, Iran, usw. Alle
wollen angeblich nur das beste für das Land Syrien.

Für die Waffenindustrie ist der Krieg eine
Goldgrube. Für die Bevölkerung eine riesengroße
Grube des Todes. Eines Tages hat jeder Krieg ein
Ende und zwar dann, wenn eine Seite gewinnt oder
alle zusammen sowohl materiell als auch finanziell
ruiniert sind.

Ich würde der Union empfehlen, die Schotten dicht.
dicht zu machen.
Die Einmischung hat für alle Beteiligten nichts
gebracht. Bei der großen Anzahl der Flüchtlinge ist
nicht zu ermitteln, wie viele als Terrorschläfer in die
Union unkontrolliert zuwandern.

Ich bin der Meinung, dass diejenigen, die das ganze
Desaster und Elend angezettelt haben zu wenig zur
Verantwortung gezogen werden.

Die UNO, die sehr viel Personal hat und jährlich
eine Menge kostet, hat hier kein Rezept parat, wie
die Mordmaschine gestoppt werden kann.
Der Bürgerkrieg ist eine Furie, die an
Schrecklichkeit nicht zu übertreffen ist.
Es ist alles zu tun, dass das Ganze nicht in die Union
übergreift.
Ich würde den Syrern sagen, einigt euch und jagt
anschließend alle zusammen ausnahmslos aus dem
Land. Dies ist meines Erachtens leider ein
Wunschdenken.

Die Union und die Schweiz!

Die Schweiz hat sich nach einer Volksabstimmung zu einer Mitgliedschaft in der Union mit knapper Mehrheit gegen eine Mitgliedschaft in der Union ausgesprochen.

Die Schweiz hat im Grunde schon vorgemacht, wie ein Land mit mehreren Sprachen und Eigenheiten, unterschiedlichen Steuersystemen beziehungsweise Steuergesetzen, die von Kanton zu Kanton verschieden sind, zurechtkommt.

Was die Demokratie anbelangt, könnten sich viele Volksvertreter der Union die Schweiz als Vorbild nehmen.
Volksabstimmungen zu einzelnen Themen sind ab einer bestimmten Unterschriftenzahl durchzuführen. Der Ausgang kann so ausgehen, dass das Parlament dieser Initiative Folge zu leisten hat, obwohl sich die Mehrheit des Parlamentes vorher dagegen ausgesprochen hat.

In der Schweiz wurde eine Volkabstimmung über die Einführung einer zusätzlichen Urlaubswoche abgehalten. Diese Abstimmung ergab, dass die Mehrheit dies nicht befürwortete. So ist das für einen Unionsgewerkschafter eine Welt, die er nicht versteht.

Ein Rekrut kann nach Abschluss seines Dienstes sein eigenes Gewehr mit nach Hause mitnehmen.

Im Falle eines überraschenden Angriffs wäre der Soldat schneller wehrbereit.

Sollte das Gesetz geändert werden, so kann dies vom Schweizer Volk oder Parlament jederzeit geändert werden. Was völlig unverständlich ist, dass die EU meint, hier müsse sie Vorschriften erlassen.

Es könnten noch viele Beispiele angeführt werden, die für die meisten Staaten nicht machbar wären, weil große Bevölkerungsanteile nicht in der Lage wären, damit umzugehen.

Es gibt sicherlich auch Probleme in der Schweiz. Sie sind sich jedoch weitgehend einig, dass sie nicht fremdbestimmt werden wollen.

Mit der Union haben sie deshalb den Weg der bilateralen Verhandlungen gewählt. Diese Verträge beinhalten, dass die vier Grundfreiheiten der Union auch für die Schweiz zu gelten haben.

Die Schweiz ist ein Hochpreisland, aber zugleich ein Hochlohnland.
Es ist verständlich, dass viele Unionsbürger es attraktiv finden in der Schweiz zu arbeiten.
Die Schweizer Bevölkerung hat nun einer Initiative zugestimmt, dass die Zuwanderung begrenzen soll. (Masseneinwanderung)

Ich bin der Meinung, dass die vier Grundfreiheiten
in der Union dadurch nicht in Frage gestellt werden,
weil die Schweiz kein Mitglied der Union ist.

Der Schweiz sollte man in dieser Richtung
entgegenkommen. Über die Höhe der Beschränkung
sind sich jedoch die Parteien innerhalb der Schweiz
selbst nicht einig.
Die Schweiz ist aber bestimmt schlecht beraten,
wenn sie einseitig die Vereinbarungen brechen
sollte.

Ich bin der Meinung, dass sich das die Union das
nicht bieten lassen könnte und sie dadurch einer
äußerst negativen Entwicklung Vorschub leisten
würde.

Ich kenne die einzelnen Punkte nicht, die in den
bilateralen Verträgen vereinbart wurden.
Erklärungsbedürftig ist auf jeden Fall, wie das gehen
soll, dass die Schweiz mit China, Japan und anderen
Staaten Freihandelsverträge abschließen kann und
zugleich im Schengenraum verbleibt.

Es gibt innerhalb der Union schon zu viele, die
Rosinen picken, was sich äußerst negativ auf das
Gemeinschaftsgefühl auswirkt.
Die Türe in diese Richtung weiter öffnen, wäre ein
falsches Signal.

Die EU und die Sprachen!

Die vielfältigen Sprachen, die es in der Union gibt, sind ein Schatz, den man pflegen sollte.
Im Welthandel ergibt sich daraus für die Union ein Wettbewerbsvorteil.

Wenn man bedenkt, dass die Sprachen Englisch, Spanisch und Portugiesisch mit allen Ländern Südamerikas, Mittelamerikas, der USA und Kanadas eine Verständigung ermöglicht, zeigt sich das Potential, dass die Sprachen haben.

Weiter geht es mit Französisch, Deutsch, Italienisch, Polnisch, Russisch, Ungarisch, Rumänisch, Griechisch, Holländisch, Schwedisch, usw. Es sind 24 Amtssprachen anerkannt.
Man kann von 85-90 Sprachen und Hunderten von Dialekten ausgehen.

Hier kann man mit Stolz sagen, dass es keine Union auf der Welt gibt, welche diese Vielfältigkeit aufweist.

In der Union werden auch die Sprachkurse sowie der Austausch von Jugendlichen und Studenten gefördert.

Es wäre bestimmt vorteilhaft, wenn dieser Austausch auf alle Bevölkerungsteile ausgeweitet wird, da sich die ärmere Bevölkerung einen Auslandaufenthalt einfach nicht leisten kann.

Ein Relikt aus der Vergangenheit ist, dass sich
Personengruppen darüber ereifern, in welcher
Sprache die Ortstafeln oder Hinweisschilder
beschriftet werden sollen.

Die sogenannten großen Völkerwanderungen
innerhalb der Union, wie sie von Gegnern der Union
prophezeit wurden, dass diese den Einheimischen
die Arbeit wegnehmen, haben nicht stattgefunden.
Der Prozentsatz der Zuwanderung auf die
Bevölkerungszahl gesehen, bewegt sich im
Durchschnitt nicht über 2-3%. Punktuell können die
Zuwanderungen jedoch höher sein.

Hier haben sich die unterschiedlichen Sprachen als
eine natürliche Bremse erwiesen, die eine
massenhafte Zuwanderung in andere Unionsstaaten
verhindert haben.
Als Geschäftssprache hat sich weitgehend Englisch
durchgesetzt.
Europa und die Union haben von der Geschichte her
einen völlig anderen Hintergrund als andere Staaten.

Ich bin deshalb der Meinung, dass es derzeit zu früh
wäre, auf einen Unionsstaat hinzuarbeiten. Die
Mentalitäten, Interessen und Unterschiede in vielen
Bereichen sind einfach zu groß, würde hier Druck
ausgeübt, bestünde die Möglichkeit, dass alles
auseinanderbrechen könnte.

Die EU und die Ukraine!

Die Ukraine hat im Laufe der Zeit die verschiedensten Grenzen und Staatengemeinschaften erlebt. Zuletzt war sie ein Mitglied der Sowjetunion.

Derzeit ist die Ukraine ein selbstständiger Nationalstaat mit einer Einschränkung, dass ihre Außengrenzen vom Nachbarstaat Russland nicht anerkannt werden.
Von der ehemaligen Sowjetunion kann die Europäische Union lernen, wie man es nicht machen sollte.

Der Union muss man leider sagen, dass sie an diesem Zustand durch ihre Gier nach immer mehr Mitgliedern und Einflußbereiche verantwortlich ist, ihr diplomatisches Unvermögen wurde offensichtlich.

Die Union hat meiner Meinung nach auf Betreiben der USA die Mitgliedschaft in der Union mit einem Beitritt zur NATO verknüpfen versucht. Es würden dann Raketen mit einer unbekannten Bewaffnung direkt an der Grenze zu Russland stationiert.
Als seinerzeit die damalige Sowjetunion versuchte, Raketen auf Kuba in Stellung zu bringen, hätte es beinahe den dritten Weltkrieg ausgelöst.

Selbstverständlich kommt es bei der betroffenen Ukraine nicht gut an, wenn willkürlich die Grenze zu Gunsten von Russland verschoben wird.

Es liegt gewiss nicht im Interesse der Ukraine oder
Russlands, dass der Konflikt weiter eskaliert.

Wenn Personen, die Nachbarn sind und zu streiten
beginnen, würde ich persönlich neutral bleiben.
Sie sollten den Streit selbst austragen. Die
Konsequenz und den Schaden haben sie selbst zu
tragen.

Die Union hat es hier verpasst, in dieser Causa für
alle eine gute Lösung zu finden.
Es ist bezeichnend, dass jetzt von einem anderen
Kontinent aus militärisch die ganze Sache noch
angefacht wird.

Es war schon längst bekannt, dass sich im Osten der
Ukraine große Bevölkerungskreise sich Russland
näher verbunden fühlten und sich weniger als
Ukrainer sahen, denn ihre Sprache ist größtenteils
Russisch. Wirtschaftlich wurde die Region stark
vernachlässigt, es sind ganze Wirtschaftszweige
zusammengebrochen und die Arbeitslosigkeit
grassiert.
Ihren Bestrebungen nach mehr Autonomie wurde
kein Gehör geschenkt.

Als sich Russland einschaltete, um die Interessen der
Russisch sprechenden Bevölkerung
wahrzunehmen und mit Waffen unterstützte,
eskalierte die ganze Situation.

Die Krim gehörte zu Russland und wurde 1954 der
Ukraine zugeschlagen, Russland und die Ukraine
haben gemeinsam der Sowjetunion angehört und
somit haben sich keine Probleme ergeben.
Bekanntlich hat sich nach der Auflösung der
Sowjetunion und einem politischen
Richtungswechsel in der Ukraine ein Zerwürfnis
zwischen der Ukraine und Russland ergeben. Nun
hat sich Russland mit einer Volksabstimmung, die
von den meisten Ländern nicht anerkannt wurde, die
Krim wieder einverleibt.

Beide Staaten sind der Meinung, dass sie Recht
haben und wollen nicht wahrhaben, dass sie sich
gegenseitig schweren Schaden zufügen.

Eine Einigung ist nicht in Sicht, weil sich eine starke
Verbissenheit breit gemacht hat. Die vielen Toten
und Verletzten, die zu beklagen sind, haben die
Kluft noch vergrößert.

Hier ist ein Konflikt, um Landesflächen und
Gebietsansprüche entstanden. Ich dachte, dass diese
Expansionspolitik in Europa Vergangenheit wäre.

Die beteiligten Staaten sind im Europarat vertreten,
was anscheinend auch nicht geholfen hat.

Die ganze Angelegenheit ist so schnell wie möglich
zu beenden.

Es wird Jahre dauern, bis sich dieser
„Scherbenhaufen" beseitigen lässt.
Ohne Zugeständnisse der zwei Streitparteien wird
sich der Konflikt nicht lösen lassen.

Ich bin der Meinung, wenn eines Tages die
Beteiligten wirtschaftlich und militärisch erschöpft
sind, werden sie einsehen, dass sie sich selbst einen
schlechten Dienst erwiesen haben. Erst dann ist eine
Einigung möglich.

Die Union sollte nur vermitteln, wenn es von beiden
Ländern gewünscht wird. Einseitige Aktionen
wirken sich für alle schädlich aus.

Die Russische Föderation ist zukünftig mit
einzubeziehen. Es muss ein elementares Interesse
aller Europäer sein, dass unser Kontinent politisch
und wirtschaftlich eine Verbesserung erfährt und
sich nicht gegenseitig das Leben erschwert.

Die Staatoberhäupter verändern sich auch laufend,
wenn einzelne auch glauben, dass es ohne sie nicht
gehen würde.
Manche haben in der Geschichte den Platz eines
Tyrannen, Größenwahnsingen, Unbeugsamen,
Verbrechers, Weisen, Schrecklichen, Versagers,
oder Gerechten eingenommen. Die Geschichte wird
ein Urteil fällen.

<u>Die EU und die Russische Föderation!</u>

Ich bin der Meinung, dass die EU und die Russische
Föderation beide gemeinsam ein großes Interesse
haben sollten, eine gute Beziehung zu einander
aufrecht zu erhalten und zu pflegen.

Es hat sich gezeigt, dass die derzeitigen
gegenseitigen wirtschaftlichen Sanktionen für beide
Teile negative Auswirkungen haben. Mit den
Sanktionen hat die EU begonnen.
Ich gehe davon aus, dass Protokolle vorhanden sind,
damit man nachvollziehen kann, wer die ganze
Sache betrieben hat.
Die EU und die Russische Föderation sind gut
beraten, einvernehmliche Beziehungen zu
unterhalten.

Zukünftig sollte es jedenfalls unterlassen werden,
Aktionen zu setzen, die beiden Teilen schadet. Ich
denke, wer eins plus eins zusammenzählen kann,
so wäre dies logisch. Noch besser wäre die
Formulierung, der bis drei nicht zählen kann.

Die Russische Föderation kann man mit Zurufen
nicht lenken, und sie lassen sich auch nicht zum
Büttel machen.

Der Traum müsste eine Föderation der Staaten
Europas sein. Es ist mir jedoch bewusst, dass es
vorläufig ein Traum bleiben wird.

Man müßte meinen, dass nach allen Wirren, die
Europa alleine in den letzten 100 Jahren
durchgemacht hat, es keine neuen Konflikte
benötigt. Ratschläge und Einmischungen von
außerhalb Europas sind abzulehnen.

Die Russische Föderation hat ebenfalls verschiedene
Völker und Sprachen. Die Russen als Volkgruppe
mit ihrer Sprache bildet die Mehrheit.

Die Russische Föderation ist flächenmäßig das
größte Land der Erde.
Was die Wirtschaftskraft angeht, erreicht es nicht
annähernd das Potential, wie es die USA oder die
Unionsstaaten besitzen.
Militärisch ist das Land durch die atomare
Bewaffnung in etwa gleichauf, weil es ebenfalls die
Möglichkeit hat, einen Angreifer mehrmals zu
vernichten.
Es gibt in der Russischen Föderation ebenfalls ein
Mehrparteiensystem und ein Rechtssystem, das
gegenüber dem Zarensystem und dem
Kommunismus von vielen Bürgern als gerecht
angesehen wird. Eine Verbesserung des
Rechtsystems würde für die Föderation sicherlich
vom Vorteil sein. Das gleiche gilt für die Union.
Das Problem mit der Mafia haben viele Staaten in
der Union nicht im Griff. Die Russische Föderation
hat damit ebenfalls zu kämpfen.

Die Namen sind russische Mafia, italienische Mafia,
französische Mafia usw.
Sie sind unterschiedlich strukturiert und werden von
den Nationalstaaten unterschiedlich stark bekämpft.
Es werden auch Erfolge bei der Bekämpfung erzielt,
aber anscheinend ist es wie bei einer Hydra, wird ein
Kopf ausgeschaltet, ist schon der nächste da.

Ich bin der Meinung, dass die Verfolgung der
Verbrecher noch intensiver erfolgen muss.
Hier wäre auch eine bessere Zusammenarbeit mit
der Russischen Föderation und der Union sinnvoll.
Die Verbrecher kennen keine Grenzen.
Mit dem Problem der Korruption haben Russland
und die Union in unterschiedlichen
Größenordnungen ebenfalls zu kämpfen.

Es gibt in der Union Politiker, die mit den Fingern
auf Russland zeigen und meinen sagen zu müssen,
was in der Russischen Föderation falsch läuft.
Ich bin der Meinung, dass hier mehr Zurückhaltung
eine bessere Vorgangsweise wäre.

Diese Politiker sollten zuerst vor der eigenen
Haustüre kehren.
Die EU hat genug eigene Probleme und sollte zuerst
diese in den Griff bekommen, bevor sie als
Besserwisser bei anderen Staaten in Erscheinung
tritt.

Die EU und die Türkei!

Mit der Türkei hat die EWG schon 1959 die ersten
Kontakte hergestellt, um eine wirtschaftliche
Zusammenarbeit zu verfolgen. Im Jahr 1963 wurde
das sogenannte Ankara Abkommen mit der EU
vereinbart, mit der Option einer späteren
Vollmitgliedschaft. Es hat laufend neue
Verhandlungen gegeben.
Die Jahre 1989 / 1993 1996 / 1999 /2002/ 2004/
2005 / 2006 / 2007-2010.
Einmal wurde der Beitritt befürwortet, das andere
mal wieder abgelehnt.
Zwischenzeitlich hat sich in der türkischen
Regierung die Meinung durchgesetzt, die können
uns mal. In einigen Regionen in der Türkei geht es
wirtschaftlich jetzt schon besser als einigen Gebieten
in der Union. Ein Vorteil für die Türkei ist die
Zollunion mit der EU.
Als in der Union Arbeitskräfte benötigt wurden, sind
diese vielfach von der Türkei geholt worden.
Sie haben in den verschieden Nationalstaaten oft
Arbeiten geleistet, für die die einheimischen
Arbeiter nicht Willens waren, diese zu erledigen.
Mit den sogenannten „Gastarbeitern" der ersten
Generation hat es bis auf wenige Ausnahmen keine
Probleme gegeben. Problematisch hat sich öfter die
zweite und dritte Generation erwiesen.
Es wurde in den Nationalstaaten weniger Arbeit
nachgefragt. In der Industrie werden viele einfache
Tätigkeiten zwischenzeitlich von Robotern
durchgeführt.

Die Neubürger sind auch nicht mehr bereit, jede
Arbeit mit Demut anzunehmen. Die Arbeitslosigkeit
hat in den Nationalstaaten zugenommen.

Man hat die Türkei wegen der Verletzung der
Menschenrechte oft kritisiert. Die Ungerechtigkeit
bei Kurden, Journalisten und Religionen sind
ganz sicher nicht mit den Gesetzen in der EU
vereinbar.

Plötzlich hat man die „Liebe" zur Türkei wieder
entdeckt. Da Flüchtlinge, die zu Millionen von der
Türkei in die Union illegal eingereist sind, wurde die
Türkei gebeten diese wieder zurückzunehmen.

Ich habe mit türkischen Staatsbürgern privat und
geschäftlich gute Erfahrungen gemacht, was ich von
Einheimischen nicht immer sagen konnte.

Was aber sicher schlecht ankommt ist, dass man der
Türkei wieder einen Unionsbeitritt in Aussicht
stellt und meint, mit Geld an die Türkei wäre das
Flüchtlingsproblem oder die illegale Einwanderung
zu lösen.

Diese Unehrlichkeit stinkt zum Himmel, mit dieser
Politik muß Schluss gemacht werden.

Diese Scheinheiligkeit ist für alle demoralisierend.

Ich bin der Meinung, dass es für die Türkei und die
Union besser ist, weiter die Zollunion aufrecht zu
erhalten, die guten Beziehungen zu pflegen und sich
in innertürkische Probleme nicht einzumischen.

Für das Flüchtlingsproblem muss eine andere
Lösung her. Wer glaubt, dass die Verantwortung mit
Geldzahlungen an die Türkei abgegeben werden
kann, liegt falsch und lügt sich selbst an.

Es ist völlig offen, ob die Türkei eines Tages der
Union beitreten kann oder will. Es ist nicht
ausgeschlossen, dass sich die Lebensbedingungen in
der Union verschlechtern und von anderen Staaten
kein Bedürfnis besteht, der Union beizutreten.

Dauerhaft wird es nicht möglich sein, dass die Union
an weitere Staaten Geld überweisen kann. Dies wird
von der Bevölkerung der Geberländer nicht
mitgetragen. Im Klartext heißt dies, dass die
Regierung, die diesem Unsinn zustimmt, zukünftig
einfach abgewählt wird.

In der Türkei ist der Unterschied zwischen arm und
reich höher als in der Union. Private türkische
Firmen kaufen Firmen und Anteile, die in der Union
ihren Standort haben.
Eine Eigenheit haben die Türken und Griechen
gemeinsam, ihre Priester werden vom Staat bezahlt.

Die EU und die Solidarität!

Solidarität ist ein Wort, dass innerhalb der Union oft missbraucht wird, wenn es darum geht, das Geld der anderen Unionsstaaten anzuzapfen.
Einige Beispiele.
Bei der Geldverteilung wird angeführt, dass man strukturschwache Gebiete finanziell fördern müsse. Süditalien hat von Italien sehr viel Unterstützung erhalten, von der EU wurden große Förderprogramme ins Leben gerufen. Geholfen haben sie fast nichts.

Wer glaubt, dass die ehemaligen Staaten des Ostblocks wegen des Geldsegens aus der Union auf die Füße gekommen sind, der irrt.

Für sie war maßgebend, dass die Kommunisten ihre Herrschaft verloren haben und die Bevölkerung die Hände nicht in den Schoß gelegt hat.
Sie haben auch davon profitieren können, weil die Grenzen zur Union geöffnet wurden. Es ist dies sicher auch rechnerisch zu beweisen, wenn man die Summe pro Kopf ausrechnet, die hier geflossen ist. Es hat sich in vielen Ländern erwiesen, dass der Kommunismus nicht funktioniert hat.

Wer China als Beispiel für einen erfolgreichen Weg heranzieht, liegt völlig daneben. Es herrscht dem Namen nach wohl die kommunistische Partei, in Wirklichkeit ist ein Ausbeutesystem installiert, dass bei uns eine Revolte auslösen würde.

Griechenland kann man als Wiege der Demokratie
bezeichnen. Sie hatten im Altertum schon
Bürgerrechte. Bei der letzten Volkabstimmung in
Griechenland hat sich indirekt eine Mehrheit für den
Austritt aus der Währungsunion ausgesprochen. Es
wurde der Abstimmung nicht Rechnung getragen.

Hier wurde von den Regierenden lauthals nach
Solidarität gerufen. Sie meinten damit, dass ihnen
die Gläubiger die Schulden nachlassen müssten. Es
sind bereits X Milliarden für die Gläubiger verloren
gegangen, weitere X Milliarden werden derzeit
nachgeschossen auch sie werden sinnlos verbrannt.

Mit diesen Aktionen wächst der Unfriede
innerhalb der Union und man wird der Union
überdrüssig.
Der Schaden ist bereits sichtbar.

Wenn die griechische Regierung meint, dass sie kein
ordentliches Grundbuch benötigt, die Priester aus
der Staatskassa zu bezahlen sind, die Reichen, die
ihr Geld illegal im Ausland geparkt haben und nicht
verfolgt werden, die Reedereien steuerfrei gestellt
werden usw. so ist das ihre Sache, aber bitte nicht
mit dem Geld aus der Union oder besser gesagt, das
Geld der anderen Steuerzahler, dessen
Nationalstaaten selbst Schulden haben, die sie nicht
zurückzahlen können.

Viele Unionsbürger empfinden hier das verwendete
Wort solidarisch als Hohn.

Ein anderes Beispiel, Deutschland und die
ehemalige DDR.
Vor 26 Jahren hatte sich der Bauern - Arbeiterstaat
aufgelöst, die Wirtschaft wurde von den
Kommunisten an die Wand gefahren, zur
Finanzierung der Einheit Deutschlands musste Geld
aufgebracht werden, dass die Bundesrepublik nicht
hatte. Deshalb ist die BRD auf die Idee gekommen,
einen Solidarbeitrag einzuführen, der sogenannte
Soli war geboren.
Die Bundesrepublik Deutschland hat auch von der
Union Gelder für den sogenannten Aufbau Ost
erhalten, allerdings hat sie die Beiträge in die Union
zu einem wesentlichern höheren Teil schon
einbezahlt. Sie hat also von ihren Einzahlungen
einen kleinen Teil zurückbekommen.
Die Summe aus landeseigenen und EU-Förderungen
haben inzwischen zwei Billionen überschritten.
Seinerzeit wurde der Soli vom Gesetzgeber mit einer
Ablauffrist versehen, der in der Zwischenzeit schon
längst abgelaufen ist. Noch zu erwähnen wäre, dass
sich Firmen, die mit Millionen gefördert wurden,
nach kürzester Zeit wieder verabschiedet haben.
Etliche Firmen haben den ehemaligen Firmensitz in
der Bundesrepublik aufgelöst und sind in den Osten
gezogen.

Den Förderungen konnten sie einfach nicht
widerstehen.

Manche Bürgermeister der „alten“ Bundesrepublik
haben erkannt, dass ihre Städte im Vergleich zu
vielen Städten der ehemaligen DDR in einem
schlechteren Zustand sind.

Die Straßen, Wohngebäude, Arbeitlose,
Sozialhilfsempfänger, und Finanzen zeigen in der
ehemaligen DDR vielfach bessere Werte.

Es hat ein großes Murren eingesetzt. Die
verschieden Parteien streiten schon, dass die
Wohltaten in Zukunft anders verteilt werden sollten.
Der Staat denkt nicht daran, den Soli abzuschaffen.
Es haben zu viele ein Interesse, dass diese Wohltaten
weiter verteilt werden.
Es ist nichts einzuwenden, wenn dies der
Nationalstaat selbst finanziert.
Der Dumme ist der Steuerzahler des Nationalstaates.

Ein Beispiel aus Österreich.
Hier wurde eine österreichische Bank an den
Freistaat Bayern verkauft. Das Bundesland Kärnten
war der Eigentümer. Sie haben seinerzeit
Bürgschaften für Bank übernommen, in Summe 10
Milliarden Euro. Die Bank wurde inzwischen um 1,5
Milliarden an den Freistaat verkauft.

Der seinerzeitige Landeshauptmann hat fröhlich
verkündet, dass das Land Kärnten jetzt reich wäre.

Inzwischen hat das Land Bayern erkannt, was für
einen Klotz sie sich mit der Bank ans Bein gebunden
hatte. Sie machte geltend, wenn der Staat Österreich
die Bank nicht zurückkauft, so werde sie die Bank in
den Konkurs schicken und die Haftungen für
Kärnten würden schlagend.

Österreich ist jetzt „stolzer" Besitzer dieser Bank,
die sie mit einem Euro vom Land Bayern
zurückgekauft hat.
Dem Land Bayern haben die Österreicher
zwischenzeitlich 1,5 Milliarden überwiesen
(Schadenersatz)
Der Staat Österreich hat inzwischen weitere
Milliarden in dieser Bank versenkt, die genaue
Höhe ist noch unbekannt.
Das Land Kärnten steht weiter mit ca. 10 Milliarden
in der Haftung. Der „Erlös" durch die Haftungen
sowie der Verkauf an das Land Bayern erbrachten
seinerzeit ca. 1,5 Milliarden und wurden in den
sogenannten Zukunftsfonds für Kärnten „angelegt"
Der neue Landeshauptmann meinte, dass dieses
Geld dem Land Kärnten gehöre, und er damit
rechne, dass sich die österreichische
Bundesregierung bei der Schuldenabwicklung
solidarisch zeige.

Das Bundesland Kärnten bekommt international
keine Kredite mehr, weil sie schon längst Konkurs
anmelden müssten.
Hier kann man nur sagen, Griechenland lässt grüßen,
mit dem Unterschied, dass die Österreicher für diese
Trottelei mit Recht selber bezahlen müssen.

Die Fahrlässigkeit, Gewissenlosigkeit und
Dummheit, wie hier mit dem Geld der Steuerzahler
umgegangen wurde, wird den Regierungsparteien
bei der nächsten Wahl vermutlich Hunderttausende
Wählerstimmen kosten.

Ein fiktives Beispiel, wenn sie 7 Personen 5000€ zur
freien Verfügung schenken, wird sich nach einem
Monat folgendes Bild ergeben.
Die einen legen die gesamte Summe auf die Bank,
die anderen veranstalten ein riesengroßes Fest,
die einen spekulieren in Währungen und haben nach
einem Monat 10.000€ mehr Schulden als vorher,
wenn es gut läuft 15.000€ mehr auf dem Konto, der
andere kauft sich ein neues Auto, die anderen
verschenken das Geld an ihre Kinder und Enkel, die
anderen zahlen ihre Schulden zurück usw.
Wenn der Monat um ist und diejenige oder derjenige
meint sie können nun von denen, die noch Geld
haben, Geld fordern, man müsse ja solidarisch sein,
würden diejenigen die geben sollten, sagen das sie
schon bessere Witze gehört hätten.

Bei Staaten sind die Unterschiede ähnlich, man kann diese Staaten weder durch dauerhafte „solidarische" Zahlungen zur Vernunft bringen noch ihr Verhalten ändern.

Es muß jede Person, jede Gemeinde, jedes Land und jeder Staat für sein Verhalten selbst verantwortlich sein.

Bei den kommunistischen Staaten war der Gedanke der Solidarität so weit verbreitet, dass man abgesehen von Parteibonzen schlussendlich solidarisch gleich arm war.

Ohne eine gewisse Solidarität geht es auch nicht und sie wird auch praktiziert. Es ist jedoch zu verurteilen, wenn sich das Ganze auf die Gesellschaft schädlich auswirkt.

Wie es derzeit in der Union läuft, wirken sich die solidarischen Zahlungen negativ auf das Zusammengehörigkeitsgefühl der Unionsbürger aus. Die Geberländer sehen mit Recht nicht ein, dass hier Zahlungen zu leisten sind, die so nie vereinbart wurden.
Es besteht auch die Gefahr, dass sich Parteien etablieren, die der Union negativ gegenüberstehen. Die Bürger merken, dass sich ihre persönliche wirtschaftliche Situation eher verschlechtert hat.

Ab einem gewissen Prozentschlüssel von Abgaben
kommt zum Tragen, dass sich die leistungsbereiten
Menschen ebenfalls der Gemütlichkeit widmen, weil
sich ein grösserer Arbeitseinsatz einfach nicht mehr
lohnt.

Ich bin der Meinung, dass die Bürger in der Union
ein Gespür dafür haben, was gerecht und ungerecht
ist.
Bei Katastrophen wird sichtbar, dass sich die
Bevölkerung durchaus solidarisch zeigt und den
Spendenaufrufen Gehör geschenkt wird.

Derzeit werden bei der Gesetzgebung circa 70% der
Gesetze von der Union beschlossen, so dass dies
dazu beiträgt, dass sich viele Nationalstaaten
entmündigt vorkommen.

Ich bin der Meinung, dass derzeit die Mehrheit der
Unionsbürger die EU befürworten und die politisch
Verantwortlichen sollten sich auch bemühen, dass es
so bleibt.

Wenn die Bürger mehrheitlich zur Ansicht kommen,
dass es für sie besser wäre, nicht der Union
anzugehören, wird sie dauerhaft nicht überleben.

Spätestens dann, wenn alle Töpfe leer sind, ist
wieder eine Revolution fällig.

<u>Die EU und die ungleichen Rechte und Pflichten!</u>

Wie soll man einem deutschen Staatsbürger erklären, dass er bei Haftungen und Einzahlungen in den EU Topf überproportional zur Kassa gebeten wird.
Großbritannien, das wirtschaftlich nicht schlechter gestellt als Deutschland ist, bezahlt etwa nur die Hälfte pro Kopf in die Union ein.

Deutschland bezahlt am meisten für das finanzielle Desaster an Griechenland, obwohl es in Deutschland Millionen von Menschen gibt, die man als arm bezeichnen kann und nur überleben, weil sie vom Staat Geld bekommen.

Als Dank dafür werden sie von der Regierung Griechenlands und einzelnen Ministern noch angeflegelt und als nicht solidarisch und rücksichtslos bezeichnet.

Ein anderes Beispiel zur Demokratie.
    Deutschland Einwohner 82 Millionen
EU Parlamentssitze 96
    Österreich Einwohner 8 Millionen
EU Parlamentssitze 18
    Malta Einwohner   0,6 Millionen
EU Parlamentssitze 6
Diese Parlamentsitze entsprechen nicht der Bevölkerungszahl. Eine echte Demokratie sieht anders aus. In den verschieden Gremien in der EU ist derselbe Demokratiemangel sichtbar.

Angefangen vom Parlament bis zur Europäischen Zentralbank.

Mit dem Geld von Deutschland werden andere Nationalstaaten gefördert, deren Exporte nach Deutschland gefährden viele Betriebe und haben oft die Pleite zur folge.

Der Schuldenstand pro Einwohnerzahl gerechnet in Polen niedriger ist als in Deutschland.

In Südlichen Ländern wie Portugal, Spanien, Griechenland usw. lebt die Bevölkerung zu 80% im Wohnungseigentum und in Deutschland sind es nur 60%.

Dass von anderen Unionsstaaten Hunderdtausende in den Sozialtopf hüpfen und diese meinen, dass sie dazu berechtigt sind, als Unionsbürger könne man sie ja nicht „benachteiligen".

Diese Politik zeigt bereits Wirkung und am Horizont läßt sich schon erkennen, in welche Richtung es gehen könnte.

Ich bin der Meinung, dass es dauerhaft so auch nicht funktionieren kann.
Es müssen die Pflichten und Rechte für alle Unionsbürger und Staaten gleich sein.

Mit der unseligen Verschiebung und Vernichtung
des Geldes muss Schluss sein.
Jede Wählerstimme in der Union muss den gleichen
Wert haben.

Die Machtverhältnisse werden sich durch Wahlen in
den nationalen Ländern laufend verändern.
Es muss aber jeder nationalen Regierung klar sein,
dass sie für ihr Verhalten und Gesetzgebung selbst
verantwortlich ist. Sie können Gesetze beschließen
und Wohltaten verteilen, Renten bezahlen, die 80-
90% des ehemaligen Einkommens ausmachen oder
der Korruption freien Lauf lassen. Es sollte aber
niemals von der Union mitfinanziert werden.

Sollte ein Land den Austritt aus der Währungsunion
mit einer Volksabstimmung befürworten, so ist dem
Rechnung zu tragen. Ein Wiedereintritt sollte aber
nur mit einer Volkabstimmung in der gesamten
Union möglich sein, es werden dadurch die
Mauscheleien in Brüssel verhindert.

Das gleiche Prinzip ist bei einem eventuellen
Austritt aus der Union anzuwenden.

Sämtliche Sonderregelungen mit Staaten sind
zukünftig zu unterlassen.
Ich möchte auf die Seiten 74-78 hinweisen, die EU
und die Solidarität!

Die Union und das Transatlantische Freihandelsabkommen (TTIP)

Hier werden Geheimverhandlungen geführt, die für eine Demokratie nicht hinzunehmen sind.

Was unverantwortlich wäre, die Landwirtschaft der Union den Gesetzen des TTIP zu unterwerfen. Ich sehe es als lebenswichtig an, dass die Landwirtschaft in der Union erhalten bleibt. Es ist bekannt, dass landwirtschaftliche Überschüsse vorhanden sind, viele landwirtschaftliche Betriebe mussten bereits aufgeben.

Durch die Transatlantische Feihandelszone würden die Landwirte in der Union dem Wettbewerb mit Landwirten der USA, Kanadas, Mexikos, und noch hinzukommenden Ländern in unbekannter Zahl ausgesetzt.

Die Ernährungssicherheit im Unionsgebiet ist von den Landwirten in der Union sicherzustellen. Sie ist im wahrsten Sinn des Wortes überlebenswichtig.

Die Nationalstaaten und die Union machen große Anstrengungen, von Energieeinfuhren unabhängig zu werden. Wir würden zur Not jetzt schon ohne Energieimport überleben können, wenn auch mit schweren Einschränkungen. Es ist deshalb richtig, dass die Unabhängigkeit von der Energieeinfuhr zu befürworten ist, abgesehen davon, dass die Wertschöpfung im Lande bleibt.

Eine neue Abhängigkeit im Lebensmittelbereich zu betreiben, kann nicht im Interesse der Landwirtschaft und der Bürger sein.

Die Landwirtschaft in den USA und Kanadas haben überwiegend viel größere Dimensionen als die bäuerlichen Betriebe in der Union.

Die eigene Landwirtschaft in der Union würde schweren Schaden nehmen und noch mehr Betriebe würden ruiniert, sollte dieses Abkommen zum Tragen kommen.

Ich habe bereits erwähnt, dass die Personen von den Verhandlungen sofort abzuziehen sind.

Ich hoffe, dass das EU Parlament erkennt, was für Probleme auf die Unionsbürger zukommen würden und die Verhandlungen abgebrochen werden.
Dass die Rechtssprechung in der Union nur von den eigenen öffentlichen Gerichten erfolgen kann, sollte selbstverständlich sein. Die Union hat sicherzustellen, dass Privatgerichte in der Union keine Gültigkeit haben können.

Für Firmen, Kanzleien, Vereine, Personen, Institutionen usw. sind in der Union ausschließlich die Nationalstaaten oder die Unionsgerichte zuständig.

Das müßte in die Verfassung geschrieben und verankert werden. Juristen sollten solche Gesetze „wasserfest" formulieren.

Wenn Konzerne meinen, dass ihre Schiedsgerichte hier in der Union ihre Gültigkeit haben müssen, da sie sonst nicht in der EU tätig werden könnten, würde ich sagen, die sollen bleiben, wo sie sind.

Die Produkthaftungen sind in den USA zum Teil irrational. Es ist zu befürchten, dass Betriebe in der Union ganz einfach abgestaubt würden.

Eigene Anwaltsbüros sind schon in den Startlöchern, um die Raubzüge gegen Nationalstaaten, Länder, Städten und Gemeinden vorzubereiten.

Die Unionsgewerkschaften warnen eindringlich vor einem Abbau der Rechte der Arbeitnehmer und einem Sozialabbau.

Ich hatte schon öfters den Eindruck, dass Regierungen nicht wissen, was sie unterschrieben haben oder von falschen Beratern geleimt wurden. Der Wahrheitsbeweis kann jederzeit erbracht werden. Wenn Regierungschefs als Ausrede behaupten, sie hätten auf die fachlich kompetenten Gutachten vertraut und deshalb die Zustimmung gegeben, ist das schlichtweg erbärmlich.

Das Unionsgemeinschaftsgefühl stärken!

Ich bin der Meinung, dass die meisten
Verantwortlichen in der Union mehrheitlich ein
Interesse daran haben, dies zu tun. Leider werden
durch gewisse Beschlüsse und Äußerungen das
Gegenteil erreicht.

Hier einige Beispiele, was sich negativ auf das
Gemeinschaftsgefühl auswirkt.

Politiker des Nationalparlaments wenden sich
dahingehend an die Bevölkerung, dass für
die schlechten Zustände in ihrem Land
hauptsächlich die Union schuld sei.

Politiker im Heimatland äußern sich, wie tapfer sie
die Interessen ihres Landes gegenüber der EU
verteidigt haben.
Die Union mischt sich in innerstaatliche
Angelegenheiten ein, die die Nationalstaaten besser
lösen können.

Es werden Gesetze in Kraft gesetzt, die einem
normalen Hausverstand zuwiderlaufen.
Einzelnen Staaten werden Vorteile verschafft.

Mit Staaten, die derzeit nicht der Union angehören,
Verhandlungen zwecks Beitritt aufnimmt,
obwohl innerhalb der Union teilweise große
Uneinigkeit herrscht und die finanziellen Mittel
nicht vorhanden sind, diese Staaten zu integrieren.

Die Union mit ihren derzeit 28 Staaten und 751
Parlamentssitzen hat jetzt schon Schwierigkeiten
handlungsfähig zu bleiben.

Einige Unionspolitiker meinen, eine Transferunion
sei die Lösung. Das Geld der anderen Staaten
nehmen und den andern Staaten das Geld
zuschieben. Es wird übersehen, dass die Geberländer
selbst immer neue Schulden machen müssen und
deren Bevölkerung das Gefühl hat, dass sie ärmer
wird. Rückzahlungen scheint ein unbekanntes Wort
zu sein.

Bei dem Schutz der Außengrenze und Lösung der
Flüchtlingskrise wird die ganze Hilflosigkeit und
Konzeptlosigkeit der Union sichtbar. Die
Nationalstaaten können auch keine Lösung anbieten.

Die Europäische Zentralbank kauft Schuldscheine
von Banken und Staaten auf, denen keine Werte
gegenüberstehen. Hier wird nachweislich gegen den
Stabilitätspakt verstoßen.

Geheimverhandlungen in Bezug auf TTIP werden
trotz massiver Proteste und
Unterschriftensammlungen (über 1Million)
weiter fortgesetzt als ob nichts wäre. Von vielen
Bürgern wird gefühlsmäßig wahrgenommen, dass
die Union ein Vasall der USA ist.

Es wird der Eindruck erweckt, dass die Union ein
Haufen voller Streithansel ist. Jeder will nur für sich
das Beste haben, aber möglichst keinen Beitrag
leisten.

In der Union gibt es 28 Außenminister, die
Meinungen sind oft konträr.
Ein einheitliches und eigenständiges Bild ist in der
Außenpolitik nicht zu erkennen.

Andere Staaten nützen diese Situation weidlich aus,
es wird mit verschiedenen Außenministern
verhandelt, wenn möglich auch mit den 28
Staatschefs. Die meisten haben kein Interesse daran,
die Union zu stärken. Manche möchten, dass sie
zerfällt.

Die Union hat durch ihren Versuch, sich mit allen
möglichst gut zu stellen, den Eindruck erweckt, dass
sie erpressbar wäre. Dies betrifft die Situation nach
innen wie nach aussen.

Eine Volkabstimmung, bei der die Mehrheit für
einen Ausstritt aus der Währungsunion stimmte,
wird einfach ignoriert.

Man muss den Mut haben, zuerst einmal nach innen
klar zu stellen, dass es für Staaten, die laufend im
hohen Maß gegen den Stabilitätspakt verstoßen, es
besser wäre, dass sie die Währungsunion verlassen.

Die Kriminalität nimmt zu und den Bürgern wird
suggeriert, die EU sei dafür verantwortlich.

In Wirklichkeit ist es die Justiz der Nationalstaaten,
die gegen die Täter keine einschneidenden Strafen
verhängt und Kleinkriminelle werden nach einer
Befragung auf dem Polizeirevier laufen gelassen, um
gleich wieder neue Straftaten zu begehen.

Für viele Bürger ist nicht erkennbar, dass die Union
für sie viele Vorteile bringt. Bei vielen setzt sich
sogar die Meinung durch, dass sie ohne die Union
besser daran wären.

Die Ungerechtigkeiten, die in den Nationalstaaten
vorhanden sind und sich nachteilig für die Bürger
erweisen, werden auf die Union geschoben.
In den Nationalparlamenten sitzt die gleiche Zahl
von Politikern obwohl sie durch den Beitritt zur
Union weniger Arbeit haben. Das Pfründe Unwesen
wird also weiter genossen.
Die Union wird als zusätzlicher Kostenfaktor mit
ihren Politikern und Beamten angesehen, der von
der arbeitenden Bevölkerung zusätzlich erhalten
werden muss.
Ich bin der Meinung, dass sich die Zahl der
Unionspolitiker und Beamten nicht weiter erhöhen
sollte und die Nationalstaaten ihre bezahlten
Politiker und Beamten reduzieren müssten.

Kriegs- und Wirtschaftsflüchtlinge!

Es ist für jeden erkennbar, dass der derzeitige
Zustand in der Union hinsichtlich der Sicherung
Außengrenzen ein Desaster ist.
Es sind auf dem schnellsten Wege,
gemeinschaftliche Handlungen zu unternehmen,
um zu verhindern, dass hier jede Person in die Union
einreisen kann.

Die Wirtschaftsflüchtlinge, die in die Union illegal
einreisen, können bei einem Arbeitslosenheer von
ca. 20 Millionen in der EU bei bestem Willen nicht
aufgenommen werden. Sie sind sofort in ihr
Heimatland rückzuführen.
Die Union kann nicht einmal dafür sorgen, dass die
eigene Bevölkerung genügend Arbeitsplätze hat.
Portugiesen und Spanier, die noch dazu gut
ausgebildet sind, nach Afrika oder Südamerika
auswandern, um eine Arbeit zu bekommen, ist ein
Armutszeugnis für die Union und die
Nationalstaaten.

Die Kriegsflüchtlinge, die derzeit in großer Anzahl
ebenfalls in die Union illegal einreisen, sind
ebenfalls zu stoppen. Wenn bei der eigenen
Bevölkerung die Arbeitslosigkeit groß ist, wird nur
eine Minderheit eine Arbeit finden.
Eine Schweizer Nachforschung bei anerkannten
Asylflüchtlingen hat ergeben, dass nach
5 Jahren 70% auf Sozialhilfe angewiesen sind.

Einzelne Nationalstaaten sind bereit, eine bestimmte Anzahl von Flüchtlingen aufzunehmen, andere lehnen es rundweg ab. Es gibt auch Regierungsverantwortliche, die meinen, dass es für ihr Land keiner Obergrenze bedarf. Bei einer derartigen Realitätsverweigerung kann man nur den Kopf schütteln.

Ich bin der Meinung, dass diese Personen bei der nächsten Wahl abgestraft werden.

In gewissen Landesteilen zeichnet sich derzeit ohne Flüchtlinge bereits eine Ghettobildung ab.
Bei Kurden und Türken, die seinerzeit zugewandert sind, bleiben die Feindschaften im Gastland vielfach weiter bestehen. Bei Demonstrationen und Gegendemonstrationen wurde einem das deutlich vorgeführt.

Es kann nicht im Interesse der Union oder eines Nationalstaates sein, dass wir ein Kleinirak, Syrien, Afghanistan, Sudan, Somalia, Eritrea, usw. im Lande haben.
Der Unfriede hat durch die große Zahl der Flüchtlingen in der Union zugenommen. Es ist ebenfalls sichtbar, dass bei einer zu großen Anzahl von Flüchtlingen die Integration nicht möglich ist.
Die Unterschiede in der Mentalität, Ausbildung, Sprache und Kultur sind enorm.

Ein Politiker oder Politikerin, die in der Öffentlichkeit postuliert, kommt ihr seid willkommen, handelt sicher nicht im Interesse der heimischen Bevölkerung. Manche meinen sogar, dass der Zustrom der vielen Menschen ein Geschenk sei.
Meiner Meinung nach sind Flüchtlinge, die in den Nachbarstaaten ihres Heimatlandes aufgenommen werden, sind mit Sachleistungen zu unterstützen.

Es ist eine Tatsache, dass alle schon außerhalb der Union durch ein „sogenanntes" sicheres Land illegal in die Union eingereist sind.

Die Türkei hat laut türkischen Journalisten die Aufständischen in Syrien mit Waffen unterstützt. Russlands Regierungschef sagte, dass der IS viele Tankwagen Öl in die Türkei geliefert hat.
Ich gehe davon aus, dass es als Beweis dafür Satellitenbilder gibt.
Die Türkei hat also Mitschuld an der großen Anzahl der Flüchtlinge und lässt auch zu, dass sie nach Griechenland weiterziehen. Es besteht kein Interesse daran, das Schlepperunwesen an ihrer Küste zu unterbinden.
Wenn ein Mitverursacher der Tragödie, Milliarden von Euros von der Union bekommen soll, zeigt dies deutlich auf, was für eine Unfähigkeit hier vorhanden ist.

Die Türkei hat nach der Mitteilung, dass sie den IS
aus der Luft bekämpfen wolle, zuerst einmal
kurdische Gebiete in Syrien und dem Irak
bombardiert. Die Kurden sind diejenigen, die am
Boden am erfolgreichsten gegen den IS kämpfen.

Meine Meinung ist, dass den Forderungen der
Türkei, dass Zahlungen von der Union an den
Türkischen Staat zu zahlen sind, nicht folge zu
leisten ist.
Einer Erpressung darf niemals nachgegeben werden.
Die Union lässt sich hier zum Trottel machen.

Wenn junge Frauen und Männer, die in der Union
aufgewachsen sind, in den „Heiligen Krieg" dieser
Staaten ziehen, sagt dies alles aus. Es sind in der
Zahl Tausende.

Wer meint, dass die Flüchtlingstragödie durch deren
Aufteilung in die Staaten der Union zu lösen sei,
hat meiner Meinung nach, Probleme mit der
Wirklichkeit. Sie sollten einmal einen Blick auf die
Landkarte und die Einwohnerzahlen der Länder
werfen, in denen es Unterdrückung und Kriege gibt.

Die Zahl der Personen, die ihre Heimatländer in
Asien und Afrika verlassen wollen, geht in die
Millionen. Es müßte doch jedem bewusst
werden, dass die Union nicht die „Welt retten" kann.

Sollte es nicht gelingen, die Außengrenzen zu sichern, wird es eine Union mit offenen Binnengrenzen, wie wir sie wünschen und wollen, sehr schnell nicht mehr geben.

Sollten die Zuzüge nicht kontrolliert werden und keine Grenze für den Zuzug geben, ist es nicht ausgeschlossen, dass es in der Bevölkerung zu Ausschreitungen kommt. Dann hätten wir tatsächlich die ähnlichen Zustände wie in ihren Heimatländern.

Die Bomben, die derzeit in verschiedenen Ländern in der Union hochgehen, erinnern bereits an den Irak und Syrien. Die sogenannten Schläfer, die teilweise mit den Flüchtlingen einreisen, sind nicht bekannt.

Kanada ist ein Einwanderungsland. Es legt aber Wert darauf, dass die Zuwanderung dem Staat nützt. Sie treffen die Auswahl, wer einwandern darf. Bei den Flüchtlingen ist Kanada bereit, sie in beschränkter Zahl aufzunehmen.

In Summe ist es weniger, was das kleine Österreich aufnimmt und Österreich wird dafür von manchen auch noch gescholten, weil einige meinen, dass es zuwenig wären.

Ein anderes Beispiel die USA.

Würde die USA ihre Grenzen nicht schützen, hätten
sie sehr schnell die Zustände wie sie in Mexiko und
Südamerika vorhanden sind.

In den USA ist ebenfalls nur eine kontrollierte
Zuwanderung möglich. Sie haben aber nicht die
Sozialleistungen, die in vielen Unionsstaaten
vorhanden sind, in denen zum Beispiel Rentner, die
ein Arbeitsleben lang in die in die Rentenkassa
einbezahlt haben und monatlich nicht mehr Geld
bekommen als ein Asylant.

Bei den Flüchtlingen ist auch nachvollziehbar, dass
sie nicht in den ihnen näher liegenden
Nationalstaaten wie Griechenland, Bulgarien und
Rumänien bleiben wollen, weil dort der Arbeitslohn
meistens geringer ist als in den weiter nördlich
gelegenen Staaten die Sozialhilfe, die ohne eine
Arbeit bezahlt wird.

Rumänien, Bulgarien, Slowakei, Ungarn haben
selbst Probleme mit den Roma und Sinti, die jetzt
aber ebenfalls in andere Unionsstaaten einwandern
und der Bettelei nachgehen.
Selbst habe ich noch kein Konzept, wie ich
persönlich mit der Bettelei umgehe. Wenn ich etwas
gebe, habe ich ein schlechtes Gefühl. Ebenso wenn
ich einfach vorbeigehe und nichts gebe. Ich selbst
kenne die Kinderarmut, aber gebettelt wurde nie.

Meine Meinung ist, dass mit einem
nordafrikanischen Land Verhandlungen
aufgenommen werden sollten, um ein größeres
Gebiet auf 99 Jahre zu pachten und dem Land bei
seiner Entwicklung, wirtschaftlich und militärisch
zu helfen.
Es wäre für alle eine Gewinnsituation. Ich denke
hier nicht an trostlose Zeltstätte, sondern an
Hongkong oder Städte, die europäischen Standards
entsprechen.
Ohne Grenzen würde es da auch nicht gehen.
Die Flüchtlinge hätten aber genug Arbeit, diese
Stadt aufzubauen. Großbritannien könnte dabei mit
ihrer Erfahrung einen guten Beitrag leisten.
Eine punktuelle Entwicklungshilfe ist sicher besser
als mit der Gießkanne.

Die neuesten Techniken in Bezug auf eine Planung
der Stadt könnten zur Anwendung kommen.
Am wirtschaftlichen Aufbau könnten sich weltweit
Firmen und Länder mit der Zusage einer
Freihandelzone beteiligen.

Die Justiz müßte nach dem Vorbild der Union
eingerichtet werden.
Ich bin der Meinung, dass dies auch im Interesse
aller Beteiligten zum Vorteil gereichen würde.
Das Motto müßte für alle gelten, Hilfe zur
Selbsthilfe.

Die EU und die Außenpolitik!

Zuerst die gute Nachricht, die Union hat mit fast sämtlichen Staaten der Welt gute Beziehungen.

Die Union hat 28 Staaten und 28 Außenminister, zuzüglich einer Außenbeauftragten der Union. Das Wort Außenbeauftragte oder Außenbeauftragter wurde erfunden, weil sich die Nationalstaaten nicht auf das Wort Außenminister der Union einigen konnten.

Jetzt reisen die 28 Außenminister zuzüglich der Außenbeauftragten der Union durch die Welt und betreiben Außenpolitik.
Es muß jedem ein Licht aufgehen, wie uneinheitlich die Außenpolitik in der Union ist.
Die 28 Regierungschefs der Nationalstaaten bemühen sich zusätzlich, sich in die Außenpolitik einzubringen.

Ich bin der Meinung, dass umgekehrt der richtige Weg ist. Richtig wäre, einen Außenminister, der die Union nach außen vertritt und 27 Auslandsbeauftragte.
Großbritannien habe ich bereits ausgeschlossen. Sie würden keine Zustimmung zu einem Auslandsbeauftragten geben. Das Land Großbritannien würde es nicht akzeptieren, dass ein Außenminister aus einem anderen Nationalstaat kommen würde.

Sollte eine Mehrheit der Bürger Großbritanniens für einen Austritt aus der Union stimmen, ist dies sowieso obsolet. Sie würden hernach auch darauf kommen, dass ihr Gewicht, global gesehen, abgenommen hat.

Sollte die Volksabstimmung für einen Verbleib in der Union ergeben, ist es nicht ausgeschlossen, dass sich eine Opposition bildet, die die vier Freiheiten für Großbritannien nicht haben will und wieder eine Volkabstimmung in die Wege geleitet wird.

Langfristig besteht die Möglichkeit, dass sich die Union und Großbritannien entfremden, weil die Meinungsunterschiede zwischen GB und der Mehrheit der anderen Nationalstaaten sich vergrößern. Die ersten Anzeichen sind bereits vorhanden.

Die Auslandsbeauftragten in der Union hätten den Vorteil, dass sie jeweils ihrer Landessprache entsprechend tätig werden.
Zum Beispiel Spanien für große Teile Lateinamerikas, Portugal für Brasilien, Frankreich für Französisch sprechende Länder und so weiter.
Sie könnten dem Unionsaußenminister mit ihren Kenntnissen von Land und Leuten sehr behilflich sein und sollten entsprechende Kompetenzen erhalten.

Die Hauptprobleme in der Union sind derzeit, dass viele Nationalstaaten mehr Probleme in der Innenpolitik als mit der Außenpolitik haben.

In einer Union, in der jeder Nationalstaat weltweit Botschaften mit Personal und Gebäudebestand unterhält, ist schlichtweg eine Geldverschwendung. Was zusätzlich dazukommt, ist im Lichte der Außenpolitik so zu beurteilen, dass die linke Hand nicht weiß, was die Rechte tut.

Hier wäre eine Kosten - Nutzenbilanz schon längst überfällig.

Das gleiche Prinzip ist bei der UNO anzuwenden sowie allen anderen internationalen Gremien.

Das Einsparungspotential wäre enorm und das Gewicht der Union weltweit gestärkt. Jedes Land in der Union wüßte Bescheid, wie die aktuellen Beziehungen zu den anderen Staaten weltweit einzuschätzen sind.
Ein gegenseitiges Ausspielen der Nationalstaaten wäre erschwert.
Diese Aufgaben kann die Union sicher besser lösen als jeder Nationalstaat für sich und zu einem wesentlich günstigeren Kostenfaktor.
Die Diplomaten würden versuchen, ihre Pfründe zu verteidigen. Das Allgemeinwohl hat aber Vorrang.

Die Union und der Terrorismus!

Der Terrorismus ist leider in der Union angekommen.

Er wird von sogenannten Freiheitskämpfern, Selbstmordkommandos, Rache gegen die Ungläubigen, Rache gegen Zuwanderung und Andersgläubigen oder einfach nur von Psychopathen ausgeführt.

Es ist kein großes Wissen nötig, wie dieser primitive Terror in der Union ausgeführt wird.

Es kann jeder Idiot ein Haus anzünden, mit einer Maschinenpistole unbewaffnete Zivillisten erschießen, sich mit einem Sprengstoffgürtel in die Luft jagen und Autos an einem belebten Marktplatz in die Luft sprengen.

Das Leid, dass diese Verbrecher anrichten, ist so groß, dass es keine Strafe gibt, die hoch genug für eine Bestrafung wäre.

Bei dem Selbstmordattentäter ist eine Strafe auch nicht mehr zu vollziehen. Hier sind eventuell die Hintermänner zu suchen.

Die Kosten, die der Allgemeinheit dadurch entstehen, gehen in das x tausendfache zu den Kosten, die die Täter oder ihre Auftraggeber haben.

Sollten plötzlich Terroristen zum Einsatz kommen
die Öl und Gasvorräte, Staudämme,
Atomkraftwerke, oder städtische
Wasserversorgungen angreifen, hätte dies eine
andere Dimension.

Durch den Einsatz von Soldaten kann in den
wenigsten Fällen geholfen werden, außer es sind
Spezialeinheiten.
Ein positives Beispiel ist der Spezialeinsatz der USA
in Pakistan. Sie haben gezeigt, dass sich die
Verbrecher noch so verstecken können, sie dennoch
gefunden werden.
Für die Auffindung war jedoch der Geheimdienst
zuständig.

Ich bin der Meinung, dass hier mit bestausgebildeten
verdeckten Ermittlern versucht werden sollte, die
Lage in den Griff zu bekommen, die auch die
Kompetenz haben, in jedem Land innerhalb und
außerhalb der Union Ermittlungen anzustellen und
diese Verbrecher zu vernichten oder lebenslänglich
hinter Gitter zu bringen.

Ich sehe hier die USA und die Russische Föderation
als Vorbild. Sie haben sich im Kampf gegen die
Terroristen nie erpressen lassen. Es wurden auch
keine Verhandlungen geführt, die im Sinne der
Verbrecher gewesen wären.

Die USA ist in der Lage, ihre Grenzen weitgehend
zu sichern. Grenzsicherung ist in der Union
anscheinend ein unbekanntes Wort. Ohne eine
effektive Grenzsicherung ist die Union nicht in der
Lage, sich zukünftig gegen den Terrorismus
wirksam in Stellung zu bringen.

Dass jetzt manche meinen, die Türkei oder die
NATO soll bitte zur Grenzsicherung der
Unionsaußengrenze beitragen, der hängt einer
Illusion nach und ist ein Träumer oder Träumerin.

Die Türkei hat selbst mit dem Terrorismus noch
größere Probleme als die Union.
Sie ist nicht in der Lage, innerhalb ihres Staates für
Ruhe und Ordnung zu sorgen.

Die Türkei setzt im eigenem Land Panzer und
andere schwere Waffen gegen aufständische Kurden
ein, was weiter Fluchtbewegungen ihrer eigenen
Bürger in die Union auslöst.

Die Flüchtlinge des Iraks und Syriens, die in der
Türkei Zuflucht gesucht haben, geht auf über zwei
Millionen zu.

Die Türkei und Griechenland sind Mitglied der
NATO. Ihre Beziehungen sind dadurch nicht
„herzlicher" geworden.

Ein Einsatz der NATO kann die Grenzsicherung
nicht übernehmen. Sie ist eine andere Truppe, die
für einen Einsatz gegen illegale Einwanderung von
Kindern, Frauen und Männern, die unbewaffnet
sind, sicher deplaziert ist.

Dass unter dem Deckmantel von Flüchtlingen
ebenfalls Terroristen in die Union einreisen, hat sich
als traurige Wahrheit herausgestellt.

Ich bin der Meinung, dass durch ein Programm dies
umgekehrt werden müßte und von den Personen, die
aus diesen Ländern kommen, eine gewisse Anzahl
ausgewählt werden sollte, die bereit sind, gegen
diese Terroristen im Untergrund zu kämpfen oder
gewillt sind, geheimdienstliche Informationen zu
liefern.
Das gleiche System ist auch innerhalb der Union
anzuwenden.
Eine Unterwanderung ist effektiver als ein
Aufmarsch von Soldaten und Polizisten in
Uniformen, die den Charakter einer
Zurschaustellung haben und erst erfolgt, nachdem
bereits ein Terroranschlag stattgefunden hat.

Die Fahnder sollten auch die Möglichkeit haben, in
der ganzen Union zuzüglich dem Ausland tätig zu
werden. Eine bessere Zusammenarbeit müßte von
den Gesetzgebern beschlossen werden.

Die EU und die Wirtschaft!

Die Union in ihrer Gesamtheit ist in wirtschaftlicher Hinsicht derzeit als einer der großen in der Weltwirtschaft unterwegs.
Sie ist in etlichen Sparten jedoch ins Hintertreffen geraten, wie zum Beispiel in den Branchen digitaler Kommunikation, Stahlindustrie, Kleiderindustrie, Schuhindustrie, und vielen anderen mehr und dort, in denen es ausschließlich um einem Preiskampf geht.

Hier haben sich die Handelsvereinbarungen mit Ländern, die außerhalb der Union sind, teilweise sehr negativ ausgewirkt.

Zahlenmäßig sind die Kleinbetriebe in der Überzahl, angefangen von Personen, die neben ihrem Arbeitnehmerverhältnis eine Selbständigkeit angemeldet haben sowie Betriebe, die in den verschiedensten Dienstleistungen und Handwerksberufen tätig sind. Die Strukturen sind sehr unterschiedlich, genauso wie die rechtlichen Firmenkonstruktionen wie Genossenschaften, AG Einzelunternehmer, Kommanditgesellschaften, OG, GmbH, usw.

Nach den ersten 10 Jahren sind ca. 60 - 70% von den Gründern, die sich selbständig machten, noch im Geschäft. Manche haben wirtschaftlich nicht das erste Jahr überlebt.

Die Größe der Firmen, obwohl sie bereits lange
Jahre im Geschäft sind, ist keine Garantie dafür,
dass ihre
Existenz gesichert ist. Ich würde hier den Spruch
anbringen, nix ist fix, alles ist möglich. Die
Selbständigkeit könnte man oft auch vergleichen mit
einem Arbeiten ohne Netz.
Für Personen, die ein ausgeprägtes
Sicherheitsbedürfnis haben, ist die Selbstständigkeit
eher nicht erstrebenwert.

Eine Union ohne eine Industrie hat keine Zukunft.
Durch eine immer weitere Robotisierung der
Industrie hat sich die Situation für die Union jedoch
eher verbessert. Die Lohnkosten fallen dadurch
weniger ins Gewicht. Der Nachteil ist, dass für
einfache Arbeiten in der Industrie weniger Personal
benötigt wird und die Arbeitslosigkeit dadurch
steigt. Die Robotisierung ist meiner Meinung erst
am Anfang. Für gewisse Arbeiten ist eine weitere
Rationalisierung derzeit nicht möglich und es
entstehen laufend neue Berufe und Geschäftsfelder,
die der Arbeitslosigkeit entgegenwirken und so dazu
beitragen sollten, dass die Arbeitslosenzahlen nicht
weiter steigen.
Es haben sich schon etliche Betriebe, die in großer
Euphorie nach China gezogen sind, wieder in die
Union zurückgemeldet. Sie haben erkannt, dass das
Lohngefälle nicht alles ist.

Zwischenzeitlich ist der Arbeitslohn in China gestiegen. Nun suchen Firmen aus China ihrerseits Länder, in denen die Lohnkosten niedriger sind als in ihrem Land.

In der Union haben es Firmengründer geschafft, von einem Einmannbetrieb innerhalb ihres Lebens durch gute Produkte und Ideen sowie ausgebildetem Personal zur Weltspitze aufzusteigen mit 20.000 und mehr Beschäftigten, die den Namen Konzern berechtigt führen.

Ich bin der Meinung, wenn sich jemand für eine Selbstständigkeit entschlossen hat, dies auf keinem Fall durch alle möglichen Auflagen von Behörden erschwert werden sollte.

Es gibt Länder in der Union, wenn sich dort jemand selbständig machen will, bekommt dieser innerhalb von Tagen seine Bewilligung. Bei anderen Staaten gibt es einen regelrechten Behördenslalom für Firmengründer, der Monate oder Jahre in Anspruch nehmen kann.
Von diesen Staaten wird zugleich gejammert, dass sie zu wenig Industrie haben und Betriebe laufend abwandern.
Diesen Staaten kann die Union nicht helfen, weil sie selbst die Voraussetzungen schaffen müssen, die ein positives Wirtschaften ermöglichen.

Eine gute Ausbildung und laufende Weiterbildung,
Forschung, Ideen, Wissensdurst, Risikobereitschaft
sowie eine gute Infrastruktur und einen Staat, der
den Selbständigen noch Luft zum Atmen läßt, sind
der Erfolgsschlüssel für eine gute Zukunft.

Die Verwaltungen sind in vielen Unionsstaaten zu
aufgebläht, manchmal könnte man auch den Satz
verwenden, der Wasserkopf ist zu groß.
Den Nationalstaaten ist meistens bewusst, dass es
notwendig wäre, Reformen in der Verwaltung und
Bürokratie durchzuführen. Sie können sich aber
innenpolitisch nicht durchsetzen, sie sind nicht in
der Lage, diese Pfründenwirtschaft zu verkleinern.
Sollte sich der eigene Nationalstaat wie ein
Raubritter verhalten, ist es heute möglich, sich als
flexibler Arbeiter, Angesellter und Selbständiger zu
verabschieden und ein günstigeres Umfeld zu
suchen.
Diese Staaten können sich dann zunehmend mit
Personen befassen, die rebellieren, weil sich ihre
Perspektiven laufend verschlechtern und gezwungen
sind, beim Staat die Hand aufzuhalten. Diese Staaten
versuchen ihrerseits die Einnahmen durch höhere
Steuern ins Lot zu bringen, was dazu führt, dass die
Wirtschaft stagniert oder schrumpft. Jetzt werden
weitere Kredite aufgenommen, die jedes Jahr höher
werden, eine Rückzahlung ist nicht mehr möglich.
Dann ist der Teufelskreis geschlossen.

Die EU und die Korruption!

Gegen die Korruption sind die Union und die Nationalstaaten leider nicht immun.

Was sehr begrüßenswert ist, dass in den Gesetzbüchern festgehalten ist, dass die Korruption zu bestrafen ist. Wenn zum Beispiel im Firmenbereich festgestellt wird, dass ein Einkäufer von Lieferanten bestochen wurde und die Firma erfährt davon, hat dies meistens die fristlose Kündigung des Einkäufers zur Folge. Der Lieferant wird von Zulieferungen ausgeschlossen. Es kann sich keine Firma dauerhaft leisten, so ein Personal zu beschäftigen.

Firmen, die in Länder liefern, in denen die Korruption gang und gäbe ist, kann nur abgeholfen werden, wenn sich die Staaten wie zum Beispiel die G 7 Staaten zum Kampf entschließen.

Das Problem ist, dass dort Journalisten, die diese kriminellen Machenschaften aufdecken, zum Teil verfolgt werden.
Es sind die Staaten, die eine schlecht entwickelte Demokratie haben, kombiniert mit einer Einparteienallmacht und der Spruch
zutrifft, der Fisch fängt am Kopf zu stinken an.

In der Union trägt der Journalismus wesentlich dazu bei, die Korruption einzudämmen.

Vielfach wurde die Staatanwaltschaft tätig, als sie
von Journalisten die kriminellen Gepflogenheiten
der politischen Verantwortlichen aus der Zeitung
erfahren haben.

Beispielhaft ist, das ein ehemaliger Innenminister
und hernach tätiger Unionspolitiker sich dazu
von Journalisten mit versteckter Kamera äußerte,
dass er für 100.000,--€ auf einen bestimmten
Gesetzestext Einfluss zu nehmen bereit wäre.

Es waren britische Journalisten, die verdeckt
arbeiteten. Geld ist keines geflossen.
Als das publik wurde, ist in seinem Nationalstaat die
Staatanwaltschaft tätig geworden. Der Beschuldigte
machte vor dem Gericht geltend, dass er nur zum
Schein auf das Angebot eingegangen wäre.
Das Gericht ist der Meinung des Beschuldigten nicht
gefolgt und hat ihn wegen Korruption
zu einer Gefängnisstrafe verurteilt. Bei der Partei,
die ihn zum Innenminister bestellt hatte sowie zum
Delegationsleiter ihrer Partei in Brüssel machte, hat
ihn aus der Partei ausgeschlossen.

Es wurden von den Journalisten noch zwei andere
Mitglieder des Parlaments in Brüssel genannt, die
jedoch von anderen Nationalstaaten entsendet
wurden, bei denen mit dem gleichem Tatbestand
nicht einmal ermittelt worden ist.

Von einem Insider, der direkt ins Unionsparlament
gewählt wurde, hat in seinem Buch veröffentlicht,
wie weit die salbungsvollen Reden einzelner
Mitglieder des Parlaments und dem wirklichen
Handeln auseinander klaffen. Er hat auch aufgezeigt,
wie Steuergelder in Milliarden von Euros sinnlos
vernichtet werden.

Hier ein kleiner Auszug aus seinem Buch. (H-P M)
Ohne Transparenz, ohne tief greifende
Bürokratiereform, ohne demokratische
Verantwortlichkeit wäre das Recht für den EU
Apparat, selbständig Steuern festzulegen und
einzuheben, wie die freizügige Lieferung von
Ölkanistern an einen notorischen Brandstifter.

Meiner Meinung nach wurden viele Unsitten von
den Nationalstaaten übernommen.

Hier einige Beispiele aus einem Nationalstaat
Bei einem ehemaligen Nationalratsabgeordneten
wurde wegen Verdacht auf Korruption das Telefon
im Auftrag der Staatsanwaltschaft abgehört. Er
fragte den ehemaligen Finanzminister,
der sein ehemaliger Parteikollege war, wo seine
Leistung für die runden 100.000. Euro wären.

Der ehemalige Finanzminister antwortete, er solle
im Internet nachschauen.

Der Frager seiner nicht definierbaren Leistung ist
derzeit noch immer in Freiheit.

Ein ehemaliger Bundeskanzler hat von einer Bank
die inzwischen den Besitzer gewechselt hat, ca.
70.000,--€ überwiesen bekommen, die er für eine
telefonische Beratung erhalten hat. Er gilt bei vielen
heute noch als Ehrenmann.
Ein Steuerberater hat im Auftrag eines
Landeshauptmannes ein Gutachten über eine Bank
erstellt. Es waren einige A4 Seiten und hat dafür
Hunderttausende Euros auf sein Konto bekommen,
es ist allerdings etwas „schief" gelaufen. Der
Landehauptmann ist tödlich verunglückt die Bank
ging bankrott und der Steuerberater musste das Geld
zurückzahlen.

Einem Währungsspekulanten, der dazu beitrug, dass
eine Gewerkschaftsbank mit samt den ganzen
Beiträgen ihrer Mitglieder in den Ruin getrieben
wurde, hat vor Gericht ausgesagt, dass ihm die
ganzen Aufzeichnungen, die er im Laptop
gespeichert hat, durch den Sturz des Laptops auf den
Boden sämtliche Daten gelöscht wurden. An
einzelne Transaktionen könne er sich nicht mehr
erinnern.
Es hat vor Gericht keine Verurteilung für ihn
gegeben. Sinngemäß hat das Gericht gemeint,
Unfähigkeit sei kein Strafbestand.

Eine Richterin, die erfahren hat, dass Mitarbeiter des
Grundbuchamtes bei demenzkranken Personen mit
Immobilienvermögen im Nachhinein die Testamente
gefälscht wurden, hat an diese Mitarbeitern ebenfalls
einen Auftrag für eine Testamentsfälschung in
Auftrag gegeben und ihre Tanten als Erben einsetzen
lassen. Sie wurde rechtsgültig verurteilt und ist ihr
Amt sowie ihre Staatspension los.
Aufgeflogen ist das ganze, weil einer anderen
Richterin aufgefallen ist, dass bei verschiedenen
Testamenten immer der gleiche Beistrichfehler
vorkam.

Dies sind wahre Begebenheiten, einem
Kriminalromanschreiber müßte das zuerst einmal
einfallen.
Man könnte ein ganzes Buch über die üblen
Machenschaften der Korruption schreiben, die in
vielen Formen vorhanden ist.

Wenn im Nationalstaat jeder Person, die einen Kaffe
im Restaurant konsumiert, der Wirt eine Rechnung
ausstellen muss, so kann ich nur hoffen, dass
zukünftig auch jede Beratung, Transaktion,
Parteispende, Förderung, Auftragsvergabe, usw. mit
detaillierten Angaben ebenfalls schriftlich
festzuhalten sind. Das Gesetz muß für alle seine
Gültigkeit haben und es darf nicht mit zweierlei Maß
gemessen werden.

Bei Geldflüssen ist der Nachweis der Korruption
noch einigermaßen nachvollziehbar.
Schwieriger wird es, wenn eine Hand, die andere
wäscht, oder so gesagt, man hilft einander.
Wenn es zum Beispiel um Postenbesetzungen geht
an denen Parteimitglieder für die Vergabe
mitbestimmen können, bei denen nicht diejenigen
den Posten bekommen, die am besten qualifiziert
sind, sondern der Partei nahe stehen.

Die Organisation Transparency International hat in
einem Korruptionsbarometer ermittelt,
dass es in Dänemark am wenigsten Korruption gibt
und die Bewertung weltweit gesehen, die Note Nr.1
bekommt.
Finnland und Schweden liegen auf Platz drei und
vier, Griechenland landete auf Nr.69.
Diesen Platz teilen sie sich mit Italien, Rumänien
und Bulgarien.
Die desolaten Finanzen und die große Armut, die
teilweise in diesen Staaten herrschen, sind bekannt
und kann nicht durch Zahlungen von der Union
bekämpft werden.
Ich bin der Meinung, dass es für die Union und den
Nationalstaaten hilfreich wäre, die Korruption mit
allen Mitteln zu bekämpfen. Sie ist wie ein
Krebsgeschwür. Eine Gesundung des
Staatshaushaltes ist unter einer ausgeuferten
Korruption nicht möglich.

Eine Unionsstaatsanwaltschaft ist notwendig, die ab
einer gewissen Summe staatsübergreifend tätig
werden muss und bei den korrupten Personen ohne
Ausnahme wirksam tätig wird und eine Anklage
einleitet.

Insidern, Journalisten und andere Persönlichkeiten
die zuerst die Mitteilung an die Strafbehörde
melden, sollten belohnt werden und die Anonymität
gesetzlich zugesichert werden.
In einer Demokratie ist das ohne Weiteres möglich,
das ist eines der großen Vorteile einer Demokratie
gegenüber einer Diktatur, in der die Korruption
unter den Teppich gekehrt wird und der bestraft
wird, der diesen Sumpf angeprangert hat.
Es darf nicht wahr sein, wenn ein Journalist in
Griechenland eine Liste veröffentlichte, in denen
Hunderte Personen genannt werden, die große
Geldsummen in Schweizer Banken liegen haben und
er wegen Geheimnisverrat ins Gefängnis musste.
Nach Protesten aus der Bevölkerung wurde er
jedoch wieder freigelassen
Diesem Land wurden x Milliarden Euros Schulden
nachgelassen. Das trägt dazu bei, dass der Unfriede
in der Union zunimmt und einen Spaltpilz
sich entwickeln konnte.
So einer Situation ist schnell entgegen zu treten.
Man kann diese Angelegenheit nicht einfach
schleifen lassen.

Es müssen von der Union die gesetzlichen
Voraussetzungen geschaffen werden, dass diese
Verbrechen verfolgt werden. Die Nationalstaaten
mit einer Korruption, die in der Ranglistenskala von
über 50 aufscheinen, können sich selber nicht mehr
helfen, weil das ganze Staatssystem involviert ist.

Solange der Korruptionssumpf nicht trockengelegt
wird, ist jeder Euro, der von der Union in diese
Staaten geht, ein verlorener Euro.

Bei einer gerichtlichen Verurteilung ist das
vorhandene sowie das verschobene Vermögen der
Verurteilten zur Wiedergutmachung heranzuziehen
und der Informant oder seine Erben sind mit 5% zu
beteiligen. Die Abwicklung über ein
Rechtsanwaltsbüro muss für den Informanten
kostenlos sein.

Für den Gesetzesbeschluss würden unter dem Strich
keine Kosten anfallen. Der Erfolg zur Bekämpfung
der Korruption wäre gegeben. Das ganze Geschwür
ist für die Länder zutiefst gefährlich Es zeigt sich
auch an den schlechten Wirtschaftdaten, die diese
Länder haben.
Hier muss meiner Meinung nach die Union tätig
werden.

Die Zielvorgabe sollte Dänemark sein.

Die EU und die Armut!

Die Armut ist ein Kapitel, dass es in der Union in der derzeitigen Höhe nicht geben sollte. Was während und nach den Weltkriegen noch verständlich war, weil der Tod sowie die Verstümmelung millionenfach stattfanden und die Vernichtung ganzer Landstriche stattgefunden hat. Flüchtlinge, die zahlenmäßig in die Millionen gingen und die Narben nach einer Generation noch nicht verheilt waren.

In den sogenannten Dritte Weltstaaten ist die Armut mit der Armut in der Union eher nicht vergleichbar. Von Einzelfällen abgesehen, wie zum Beispiel Roma und Sinti, die in Behausungen leben, die mit Zelten und Plastikmüll illegal errichtet. Diese Behausungen sind auf keinem Fall zu akzeptieren.

Kinder, die dort wohnen, sind in Sicherheit zu bringen. Es darf nicht sein, dass sich dieser Zustand auf die nächste Generation überträgt.

Bei Kindern ist die größte prozentuelle Armutsgefährdung vorhanden, wenn sie von armen Eltern abstammen, kombiniert mit anderen Problemen, die die Eltern haben.

In den Nationalstaaten sind die Behörden unterschiedlich tätig, um diese Kinder zu schützen.

Dem Wohlbefinden und dem Interesse des Kindes
ist Vorrang zu geben. Die Kosten dürfen keine Rolle
spielen.
Ich bin der Meinung, dass für die Unterbringung am
besten die SOS Kinderdörfer geeignet wären, wie sie
bereits weltweit vorhanden sind. Hier ist die Union
gefordert, dort wo der Nationalstaat nicht in der
Lage ist, dies zu finanzieren, hat das die Union zu
übernehmen.

Die Union kann die Geldzuweisungen, die an diese
Staaten vielfach für sinnlose Projekte verwendet
werden, sinnvoller verwenden und es wäre auch
zukunftsorientierter. Wenn man von Solidarität
spricht, wäre sie hier angebracht.

Die europäische Statistikbehörde Eurostat hat
veröffentlicht, dass 17% der Unionsbürger
armutsgefährdet sind und 10% sich zum Teil keine
Heizung oder Telefon leisten können.

In Deutschland wird jemand als arm angesehen, der
nicht mehr als 800 Euro im Monat zur Verfügung
hat. Statistiker haben errechnet, dass dies auf 20%
der Bevölkerung zutrifft.

Als armutsgefährdet gilt, der zum Leben weniger als
60% vom Durchschnittseinkommen in seinem Land
zur Verfügung hat.

Demnach sind in Rumänin, Griechenland und Lettland 50% von Armut betroffen.

Die Ursachen der Armut sind vielfältig. Hier einige Punkte, Arbeitslosigkeit, Krankheit, Niedriglohn, Unfälle, gescheiterte Selbständigkeit, Scheidung, Alkohol und Drogenprobleme, Straffälligkeit, Bürgschaften, Verbrechensopfer, Betrug, usw.

Bei manchen Fällen läßt sich einfach nichts machen, um die Armut zu bekämpfen. Allerdings ist es möglich, in vielen Fällen die Armut zu reduzieren.

Armut kenne ich persönlich, meine Mutter war Kriegerwitwe und ich somit Halbwaise, sie arbeitete als Magd bei einem Bauern und fand danach als Näherin in einer Bekleidungsfabrik Arbeit.

Meine Mutter war also eine Alleinerziehende. Eine Mindestsicherung, wie wir sie heute kennen, war damals nicht vorstellbar.

Die verschiedenen Wohnorte sind mir noch gut in Erinnerung, bestenfalls war es ein Zimmer in einem alten Haus, das WC war in einem Schuppen „Brett mit Loch". Das Wasser musste vom Gang geholt werden, die Lebensmittel waren in einem Koffer unter dem Bett.

Die Wäsche wurde auf einem Holzofen gekocht und anschließend von meiner Mutter in einem nahe gelegenen Bach gereinigt. Wir waren zufrieden, weil es zum Überleben reichte.

Diese Armut in meiner Kindheit geht mir mit meinen 73 Jahren noch nach.

Die Armut, die heute vorhanden ist, ist doch eine andere, aber sie ist ebenso drückend. Wenn ich Roma oder Sinti sehe, die betteln, verursacht das bei mir ein ungutes Gefühl, egal ob ich etwas gebe oder einfach vorbei laufe.
Jetzt zur Reduzierung der Armut.
Wenn eine Selbständigkeit scheitert und eine große Überschuldung einhergeht, ist vielfach auch das Familienleben ruiniert. Bei einer Scheidung der Eheleute haben die ehemaligen Eheleute meistens den Mühlstein der Schulden um den Hals, weil der Partner bei der Bank eine Bürgschaft unterschrieben hat.
Meiner Meinung nach, sollte es gesetzlich verboten werden, dass Ehepartner zu Bürgschaften untereinander herangezogen werden, wenn die Frau oder der Man kein Vermögen besitzt.
Die Kreditbürgschaften können sich nur auf das Vermögen beziehen. Wird zum Beispiel das Haus oder Auto versteigert. kann die Bank das Haus oder Auto übernehmen.

Die ehemaligen Besitzer hätten kein Haus und Auto
mehr, aber ebenso die Schulden, die sie dafür
aufgenommen haben, müßten dann getilgt sein.
Mit der derzeitigen Regelung sind meistens die
Frauen die Dummen, weil sie für Bürgschaften bei
einer Scheidung voll zur Kassa gebeten werden und
meistens lebenslang auf das Existenzminimum
gepfändet werden .Eine lebenslange Armut ist
meistens die Folge.

Die Banken würden bei der Vergabe von Krediten
auch mehr Sorgfalt walten lassen und eine lockere
Kreditvergabe vermeiden und einen höheren
Eigenkapitalanteil fordern.

Die Drogen sind sehr oft der Einstieg in die Armut
und eine Geisel, die es zu bekämpfen gilt. Als erstes
ist es notwendig, gegen die Drogen mit Härte zu
begegnen. Bei Verdacht auf Drogenkonsum oder
Drogenbesitz sind diese Personen sofort empfindlich
zu bestrafen und die Händler ausfindig zu machen.
Derzeit läuft vieles falsch, weil Kleinmengen
straffrei bleiben. Es wird auf öffentlichen Plätzen,
vor Schulen, in Diskotheken mit dem Stoff
gehandelt. Diese Misere hat der Nationalstaat zu
verantworten, weil die Gesetze nicht vorhanden
sind, um den Anfängen mit aller Macht zu
begegnen. Die Drogenhändler sind Händler des
Todes.

Beim Alkohol ist wie beim Autofahren die
Promillegrenze einzuhalten, die Besäufnis in der
Öffentlichkeit sollte strafbar sein. Der
Alkoholmissbrauch hat ebenso das Potential, in die
Armut zu gleiten.
Bei Delikten, den Alkohol anzuführen, um eine
Strafmilderung zu erreichen, ist entgegenzutreten
und die Alkoholisierung ist extra zu bestrafen. Bei
einem Autofahrer mit Alkohol im Blut würde kein
normaler Mensch für eine mildere Strafe eintreten,
weil eine Alkoholisierung vorhanden war.
Alkoholmissbrauch ist ebenso zu bestrafen.

Verbrechensopfer sind vor dem Gericht oft
schlechter gestellt als die Täter, die meistens noch
einen Pflichtverteidiger bekommen, den der Saat
bezahlt. Bei Wiederholungstäter ist eine
Bewährungsstrafe zu unterlassen, Egal, ob es sich
um Eigentumsdelikte oder Körperverletzungen
handelt. Das Justizsystem ist in vielen
Nationalstaaten aus falsch verstandenem
Humanismus nicht für die Opfer gut, sondern für die
Täter.
Der Einkommensteuersatz der in vielen
Nationalstaaten schon bei einer Überschreitung der
Mindestsicherung mit einem 15-30% Steuersatz zum
Tragen kommt, ist eine Verantwortungslosigkeit
vom Gesetzgeber und trägt dazu bei, dass der Armut
Vorschub geleistet wird.

Diesen Personengruppen, mit ihrem niederen Einkommen, ist es nach Abzug der Steuern einfach nicht möglich, Geldreserven zu bilden.
Meiner Meinung nach, dürfte der Einstiegssteuersatz erst dann beginnen, wenn das Einkommen 60% über der Mindestsicherung liegt.
Der Einstiegssteuersatz sollte nicht höher als 10% sein.
Die Finanzierung ist ohne Weiteres gegeben, wenn mit den sinnlosen Förderungen und Ausnahmen Schluss gemacht würde, bei denen hauptsächlich, die Bessergestellten profitieren.

Der Leistungsanreiz würde verbessert und der Staat hätte unter dem Strich mehr Geld in der Tasche.

Die hohe Arbeitslosigkeit, wie sie derzeit in vielen Nationalstaaten vorhanden ist, ist nicht akzeptabel und mit allen zur Verfügung stehenden Mitteln zu bekämpfen. Sämtliche neue Handelsabkommen sind dahingehend zu überprüfen, wie sich das auf die Arbeitslosigkeit in der Union auswirkt.
Die Augen muss man nicht weit aufmachen, um zu sehen, dass in den Ländern noch genügend Tätigkeiten zu erledigen wären.
Ein Mindestlohn ist von den Nationalstaaten festzulegen und zu vereinbaren, der ein normales Leben im Staate ermöglicht, gekoppelt mit dem BIP das der Nationalstaat pro Kopf hat.

In die Schulbildung, Ausbildung, Forschung und
neue Technologien ist mehr Geld zu investieren. Für
Unternehmensgründungen sind bessere
Voraussetzungen zu schaffen.

Von einer Krankheit ist niemand gefeit. Es muss
aber niemand Angst haben, wenn er aus dem Spital
kommt, sein Hab und Gut verkaufen muss, um
seinen Aufenthalt im Spital zu bezahlen. Ich bin
auch der Meinung, dass das ganze
Gesundheitswesen möglichst in der öffentlichen
Hand zu verbleiben hat und keinesfalls Zustände wie
in den USA bei uns Fuß fassen.

Den meisten Nationalstaaten ist bewusst, dass der
Unfallverhütung in jeder Hinsicht große Bedeutung
zukommt und haben dafür auch eigene Behörden
geschaffen.
Es ist nicht hinnehmbar das alleine bei
Verkehrsunfällen circa 26.000 Tote jährlich in der
Union zu beklagen sind.
Die Verletzten gehen in die Hunderttausende.
Die Kosten und das Elend, die diese Unfälle
verursachen, sind gigantisch. Vom Gesetzgeber ist
in dieser Richtung ein Druck auf die Motorrad- und
Autohersteller auszuüben, um mit neuer Technik
diese Unfälle möglichst auszuschließen. Der
Sicherheit ist der Vorrang zu geben und nicht der
Geschwindigkeit.

Würden die oben erwähnten Maßnahmen ergriffen werden, würden vielen Leuten das Leid und die Armut erspart bleiben.
Die Arbeitslosigkeit und Armut sollte keinesfalls 5% der Bevölkerung überschreiten.

Offensichtlich sind die Nationalstaaten für die meisten Punkte verantwortlich und nicht die Union.
Die Union kann durch Zahlungen die Armut nicht bekämpfen, egal wieviel Milliarden sie mit Zahlungen an bestimmte Länder verschiebt.

Der Schlüssel liegt bei den Nationalstaaten, weil die Gesetzgebungen in dieser Hinsicht bei ihnen liegen.

In der Union ist jeder Nationalstaat eine Demokratie und die Bevölkerung hat die Möglichkeit durch Wahlen zu bestimmen, wer ihrer Meinung nach, die besten Mandatare sind.

Unter dem Strich gesehen, sind die Bürger also für die misslichen Zustände, die in den Nationalstaaten herrschen, selbst verantwortlich.
Dass die, die derzeit an der Macht sind, versuchen die zum Teil unhaltbaren Zustände in ihrem Land, anderen Ländern oder der Union in die Schuhe zu schieben, ist bezeichnend. Es ist die Fratze der verlogenen Politik.

Die EU der Mittelstand und der Reichtum!

Zum Mittelstand zählt sich die Mehrzahl der
Unionsbürger. Die ganze Sache hat nur einen Haken,
viele meinen, wenn sie auf keine Sozialleistungen
des Staates angewiesen sind, sie zum Mittelstand
gehören. Jeder Mensch fühlt sich subjektiv gesehen
unterschiedlich. Es gibt solche, die im Grunde reich
sind und sich trotzdem arm fühlen.

Man müßte einen Unterschied zwischen unterem
Mittelstand und Mittelstand sowie oberem
Mittelstand machen. Das Ganze ist unabhängig vom
Bildungsgrad der Personen.

Wenn jemand die Arbeit verliert und dann um
Arbeitslosengeld ansuchen muss, wird spätestens
dann jedem bewusst, dass es mit dem Mittelstand so
seine Tücken hat.
Sie können dann eine zeitlang mit dem eigenen Auto
fahren und in dem eigenen Haus oder Wohnung
leben. Der Zeitpunkt kommt aber sehr rasch, bei
dem alles aus dem Ruder läuft.

Bei Mietverhältnissen, Leasingraten und
Schuldenrückzahlungen geht die Talfahrt noch
schneller. Das Gefühl zum Mittelstand zu gehören,
ist dann für die meisten vorbei.

In der materiellen Welt, in der wir leben, gesteht
sich keiner gerne ein, dass er arm ist.

Große Teile der Bevölkerung lügen sich selbst an, wenn sie meinen, mit einem eigenem Auto, Wohnung oder Haus bereits zum Mittelstand zu gehören.
Was von den politischen Verantwortlichen ja gewollt ist, dass sich möglichst viele zum Mittelstand gehörig fühlen.

Die dummen Sprüche, die von einem Bundeskanzler in Österreich verlautbart wurden, das Österreich zu den reichsten Ländern der Erde zählt, sagt alles aus. Der Spruch wurde dahingehend geändert, dass es plötzlich geheißen hat, eines der reichsten Länder Europas. Als mich mein Nachbar darauf ansprach, sagte ich zu ihm, wenn die sich ihren Zahltagszettel Ende Monats ansehen, glauben sie das tatsächlich. Österreich macht seit Jahrzehnten jedes Jahr neue Schulden in Milliardenhöhe. Die Zahlungen, die die Sozialämter jährlich mehr leisten müssen, hat die 10% Marke überschritten. Rückzahlungen sind keine in Sicht, soweit zum „reichen" Land.
Ich möchte keinesfalls beim Leser Unruhe auslösen, wenn dieser in sich geht, um zu analysieren, wo er sich finanziell befindet.
Sich selbst anlügen, bringt jedoch auch nichts.
Bei meiner Tätigkeit als Immobilienmakler hatte ich mit sehr unterschiedlichen Personen zu tun.
Solche, die ein großes Haus kaufen wollten und kein Geld auf dem Konto hatten.

An einen Kunden kann ich mich erinnern, der sagte,
er habe mit einem gesprochen, der sich für das
Objekt interessiert. Auf meine Frage, ob er auch
Geld habe, antwortete er.
Der hat mehr als ich und er selbst war Eigentümer
von 70 Wohnungen.

Das Vermögen ist in der Union sehr ungleich
vorhanden und wird von vielen kritisiert.

Als ich an den Küsten Teneriffas, Mallorcas sowie
Portugals entlang spazierte und die Hotels und zum
Teil die Prachtbauten sah, kam mir der Gedanke,
dass ich eigentlich arm bin.
Die ganzen Jachten, die am Anker lagen, haben
mich ebenfalls in meiner Meinung gestärkt.
In Griechenland war ich noch nicht, aber am
Fernseher habe ich die gleichen Bilder gesehen.
Den meisten Bürgern ist nicht zu vermitteln, dass da
Steuergelder vom eigenem Staat, der seine eigenen
Schulden nicht mehr zurückzahlen kann, durch
Umwege über die Union in diese Länder das Geld
verschoben wird.

Als ich Besitzer einer kleinen Tischlerei war, habe
ich mir Gedanken gemacht, sollte es einen
Konjunktureinbruch geben, wie lange ich ohne neue
Aufträge wirtschaftlich überleben könnte und bin
dann erschrocken.

Ein Bekannter von mir war Kostenrechner bei einer
Firma mit circa 400 Mitarbeitern. Ich fragte ihn, ob
er mir sagen könne, wie lange seine Firma ohne
neue Aufträge überleben könnte Nach einer
Nachdenkpause sagte er.
Also wenn ich alles zusammenrechne, etwa 3
Monate. Danach war ich wieder zufriedener. Bei mir
wäre es etwas länger gegangen.
Ich dachte mir, so eine große Firma und das ganze
ist so filigran.

Jetzt fange ich bei Arbeitern und Arbeiterinnen an.
Sollte es gut in einem Arbeitverhältnis laufen,
so kann davon ausgegangen werden, dass
möglicherweise bei einem durchgehenden
Beschäftigungsverhältnis bis zu Rente ein
bescheidener Wohlstand möglich ist. Voraussetzung
ist ein sparsamer Lebenswandel.
Bei Angestellten bis zu mittleren Führungsebene
verhält es sich ähnlich.

Bei den Selbständigen fangen die großen
Unterschiede an. Hier kommt es sehr stark auf die
Branchen an, ob jemand neu anfangen muss oder
Betriebsübernehmer ist, wie stark die Konkurrenz
vorhanden ist. Ob ein Handwerksbetrieb oder gleich
die industrielle Fertigung erfolgt.
Muss ein großer Kapitaleinsatz von Anfang an
eingesetzt werden.

Ich selbst habe mir bei meiner Selbstständigkeit drei
Punkte vorgenommen.
Erstens, jederzeit aufhören zu können.
Zweitens, die Lieferanten und Kunden auswählen zu
können.
Drittens, die Kreditbank frei wählen zu können.
Ich habe diese eigenen Vorgaben nie bereut.
Was ich aber nicht mehr machen würde, ist eine
Firma zu gründen in der ich persönlich die volle
Haftung übernehme. Nachträglich kann ich nur
sagen, Glück gehabt, dass keine Schadenshaftungen
angefallen sind.
Ich habe Firmen erlebt, die zu Weltmarktführen
wurden. Firmen, die landesweit die größten waren
und die Besitzer Millionäre gewesen sind, dennoch
gingen sie in den Konkurs Es ist also alles möglich.
Wenn man die letzten 100 Jahre ansieht, ist es
wenigen Firmen gelungen, so eine Zeitspanne zu
überleben oder sich weiter zu entwickeln.

Die Beamten ab einem höheren Dienstgrad waren
und sind meiner Meinung nach, in die Stufe des
Mittelstandes einzuordnen.
Sie sind meistens pragmatisiert und haben somit ein
sicheres Einkommen. Variabler ist es bei
selbstständigen Ärzten, Architekten, Notaren,
Rechtanwälten, usw. die den Vorteil haben, dass von
Seiten des Staates für sie Gebührenverordnungen
erlassen wurden. (Eingeschränkter Wettbewerb)

Ich habe Landwirte kennen gelernt, bei denen das jährliche Einkommen im Bereich eines Arbeiters lag. Dadurch, dass ihre Flächen zwischenzeitlich in Bauland gewidmet wurden, sind sie vom Kapitalwert betrachtet mehrfache Millionäre.

Der Mittelstand ob Unter/Mittel oder Obermittelstand lebt also unter uns und macht in Summe ca. 80% der Bevölkerung aus.

Ab welchem Kapital oder Eurobetrag der Reichtum anfängt, ist meiner Meinung nach nicht korrekt zu beantworten, weil es auf den einzelnen ankommt, wie aus seiner Sicht das Ganze aussieht.
Bei einer Befragung der Bürger würden sehr unterschiedliche Summen genannt werden.

Wirklich Geld verdienen, kann man als unselbständiger Arbeiter oder Arbeiterin jedenfalls nicht. Sie tragen jedoch die Hauptlast in der Gesellschaft und werden am geringsten entlohnt.

Die Kapitalmillionäre gibt es in der Union x millionenfach. Bei den jährlichen Nettoeinkommen, die die Millionengrenze überschreitet, würde ich auf die Hunderttausende schätzen. Eine Statistik gibt es nicht.
Ein Zentralregister ist nicht vorhanden, obwohl die Daten bei den Landesfinanzämtern vorrätig sind.

Die Euro Milliardäre gibt es in allen Unionsstaaten.

Dazu zählen diejenigen, die große Vermögen geerbt
haben, die in Summe die Milliardengrenze in Euros
überschritten haben.
Was es in der Union ebenfalls gibt, sind
Königshäuser und Fürstentümer. Sie würde ich als
die verschwiegenen Milliardäre bezeichnen.
Es gibt natürlich auch die sogenannten neuen
Reichen.

Sie besitzen Konzerne, die weltweit tätig sind, sie
haben Beteiligungen und große Aktienpakete an
verschiedenen Großfirmen. Sie verschleiern ihr
Vermögen in den verschiedenen Steueroasen
und finden laufend neue Steuerschlupflöcher.

Sie versuchen laufend ihr Vermögen zu vergrößern
was ja legitim ist.

Ich würde aber trotzdem sagen, dass sind die
Nimmersatten.
Die Union und die Nationalstaaten sehen dem
ganzen tatenlos zu. Sie sind meiner Meinung nach
einfach nicht schlau genug, um auch ihren Anteil am
Kuchen sicherzustellen.

Es ist jedoch auch diesem Personkreis klar, dass das
letzte Hemd keine Taschen hat.

Voraussichtliche Staatsverschuldung in der Euro-Zone	2016 in % BIP	Einwohner 2013-2016 Millionen	Fläche in km²
Belgien	108	11.200	30.528
Deutschland	70	80.620	357.168
Estland	10	1.325	45.226
Irland	107	4.595	70.280
Griechenland	158	11.030	131.957
Spanien	103	46.770	504.782
Frankreich	100	66.030	643.801
Italien	133	59.830	301.230
Zypern	112	0.950	9.250
Lettland	36	2.286	64.589
Litauen	42	3.384	65.200
Luxemburg	26	0.474	2.586
Malta	70	0.405	0.316
Niederlande	70	16.800	41.526
Österreich	85	8.580	83.870
Portugal	124	10.945	92.391
Slowenien	82	2.003	20.151
Slowakei	55	5.431	48.845
Finnland	63	5.279	338.478
Länder ohne Euro			
Bulgarien	31	7.679	110.910
Tschechien	46	10.306	78.866
Dänemark	46	5.552	43.094
Kroatien	90	4.494	56.542
Ungarn	76	9.956	93.030
Polen	51	38.562	312.685
Rumänien	42	21.714	237.500
Schweden	40	9.131	449.964
Großbritannien ?	90	60.209	244.820
Alle 28 Staaten im Durchschnitt	74	Gesamt 503.711	Gesamt 4.479.269

Der Autor

Heinrich Duwe
geb.1943 in Österreich.

Mutter Österreich
Vater Deutschland.

Staatsbürgerschaft bis 1950 Deutschland
Jetziger Staatsbürger Österreich.

Wo stehe ich selber?

Ich sehe Österreich als mein Mutterland und
Deutschland als mein Vaterland.

Die Europäische Union ist mein Staatenverbund.

Als meinen Heimatkontinent sehe ich das Gebiet
von Lissabon bis Wladiwostok.

Ich hoffe, dass zukünftig für alle eine positivere
Entwicklung zum Tragen kommt.

duwe.heinrich@gmail.com